11개년 공무원 기출문제 총정리

KB123761

조경국
경제학
워크북

국제편

조경국 편저

QMG 박문각

공무원 채용시험 및 자격시험에서 경제학이 차지하는 비중은 절대적이다. 각종 시험에서 경제학은 미시, 거시 및 국제경제학의 다양한 분야별로 출제가 되고 있기 때문에 다른 과목들과 비교하면 두 배 이상의 방대한 분량을 자랑한다. 또한 경제학은 수험생들이 매우 기피하는 수식 및 그래프와 같은 수학적 기법의 사용이 필수적이기 때문에 난이도 면에서도 다른 과목들을 가히 압도하고도 남음이 있다. 결국 경제학은 각종 시험 준비에 있어서 최대의 걸림돌일 뿐만 아니라 수험생들에게 수험기간 내내 괴로움과 좌절을 안겨 주는 존재가 되고 있다.

그러나 이를 다른 관점에서 바라보자. 만일 경제학을 정복할 수만 있다면 합격으로 가는 길에 있어서 최대 난관을 제거할 수 있게 되고 고통스러운 수험생활을 보다 수월하게 극복해 낼 수 있다는 뜻이 된다. 다양한 시험과목 중에서 무엇보다도 경제학을 잘 마스터해 놓을 경우 그로 인한 긍정적 효과는 타 과목 공부 및 전반적인 수험 과정으로 파급되어 합격의 가능성을 더욱 높여줄 수 있다. 본서는 수험생들이 경제학에 보다 쉽게 접근하고 이를 통해 목표로 삼고 있는 각종 시험에서 원하는 성과를 얻을 수 있도록 도움을 주기 위해 집필되었다.

저자는 과거 舊행정고등고시(現5급 공채시험) 재경직에 합격하여 미시경제정책의 핵심 부서라고 할 수 있는 경쟁당국(공정거래위원회)에서 다양한 경험을 쌓았으며, 이후에는 숭실대학교 경제학과에서 교수로 근무하며 경제학을 강의해 왔다. 이를 통해 경제관료로서 경제정책 집행과 대학교수로서 경제이론 연구 및 강의라는 귀중한 경험을 쌓게 되었다. 본서는 그러한 과정에서 축적된 경제이론 및 정책에 대한 치열한 문제의식과 최선의 해법을 반영한 결과물임과 동시에 각종 시험을 준비하는 수험생들에게 합격으로 가는 길을 보여주는 가이드라인이다.

본서의 특징은 다음과 같다.

첫째, 본서는 기출간된 조경국 경제학 기본 교재에 뒤이은 "기출분석을 위한 워크북 교재"이다. 기본 교재를 통해서 경제학의 논리적인 체계와 흐름을 일목요연하게 테마 중심으로 제시하였다면, 본 워크북 교재를 통해서는 최근 11년간 공무원 시험의 모든 기출문제를 상세하게 풀면서 출제 이슈를 압축정리하여 기출분석의 올바른 길을 제시하였다.

둘째, 본서는 이론과 문제가 괴리되지 않도록 "이론과 문제를 이어주는 친절한 징검다리 역할"을 하는 교재이다. 많은 수험생들이 경제이론을 공부해도 막상 기출문제를 접하면 도대체 어떻게 풀어야 하는지 몰라서 혼란스러워하곤 한다. 결국 이론을 공부해도 문제를 못 푸는구나 하는 자괴감에 빠져서 급기야는 이론은 소홀히 하고 기출문제만 외우는 식의 최악의 공부법에서 빠져나오지 못하고 있다. 본 워크북 교재는 이론과 문제의 갭을 줄이고 이론으로부터 문제로 자연스럽게 연착륙하는 방법을 제시하고 있다.

셋째, 본서는 "공무원 기출 순수령"을 지향하고 있다. 본 워크북 교재에서는 오로지 국가직 7·9급, 지방직 7급, 서울시 7급 기출문제만을 분석 대상으로 삼고 있다. 많은 수험생들이 기출문제를 공부하면서 욕심을 부린 나머지 공인회계사, 공인노무사, 감정평가사, 보험계리사 등 타 자격시험과 국회 8급 기출문제들을 선별하지 않고 무차별적으로 너무 많은 시간 투입을 하고 있다. 이는 잘못된 접근방식이다. 국가직·지방직 공무원 기출문제와 타 시험 기출문제는 분명히 출제경향이 다르다. 따라서 수험생들은 먼저 공무원 기출문제를 중심으로 학습한 이후에 타 시험 기출문제를 단계적으로 학습해야 한다. 수험생들은 먼저 본 워크북 교재를 통해서 공무원 기출문제를 철저히 분석하는 것이 급선무다. 그리고 나서 곧이어 출간될 연습서 교재를 통해서 타 시험 기출문제 중에서 공무원 시험에 나올 수 있는 것들만을 현명하게 선별하여 효율적으로 공부해야 한다. 본 워크북 교재에는 11년 동안 출제된 모든 공무원 기출문제가 수록되어 있기 때문에 독자들은 그동안 시간이 흐름에 따라 공무원 시험 출제경향이 어떻게 바뀌고 난도는 어떻게 상승해 왔는지를 스스로 쉽게 유추해 내고 현명한 수험전략을 세울 수 있을 것이다. 그리고 연습서 교재는 공무원 기출문제를 넘어서 타 시험의 기출문제까지 난도와 범위를 보다 확장하여 다루고 있기 때문에 독자들의 경제학 실력을 한 단계 더 업그레이드해줄 것이다.

본서에서 기출문제를 푸는 방식은 다음과 같다.

첫째, <u>쉽고 상세하게 풀었다.</u>
본서는 대다수의 독자들이 이론적 토대가 빈약하고 문제풀이에 익숙하지 않다고 전제한 후 모든 문제에 대한 상세한 풀이과정을 제시하여 강의를 듣지 않더라도 혼자서 쉽게 이해할 수 있도록 배려하였다. 특히 본서의 문제들 중에서 일부만 발췌하여 풀고자 하는 수험생들을 위하여서도 다른 문제의 풀이와 내용이 중복되더라도 모든 문제에 대하여 상세한 해설을 제시하였다. 앞 문제에서 이미 해설된 내용이라고 해서 해설을 임의로 생략하지 않고 처음 등장한 문제로 간주하여 자세하게 풀었다.

둘째, <u>이론을 그대로 적용하여 풀었다.</u>
본서는 문제풀이에 필요한 필수 이론들을 먼저 일목요연하게 제시한 후 이를 이용하여 문제를 풀었다. 따라서 문제풀이에 필요한 이론들이 무엇인지 곧바로 파악할 수 있을 것이며, 그 이론들이 문제풀이에 어떻게 활용되는지를 알 수 있을 것이다. 만일 이론에 대한 이해가 미진하다면 기본 교재로 돌아가서 다시 복습하고 돌아와야 한다. 본서가 아무리 상세한 해설이 되어 있다고 하더라도 기본 교재를 소홀히 하는 우를 범해서는 안 된다. 거듭 강조하지만 기본 교재와 이론은 내팽개치고 문제집의 문제만 반복해서 풀고 외우는 방식—현재 노량진 수험가에 만연해 있는 바로 그 방식—은 가장 미련한 최악의 공부법이다. 문제를 풀면서 동시에 반드시 이론을 복습하여 그 이해의 폭과 깊이를 키운 후 보다 단단해진 실력으로 다시 또 문제를 풀어가는 과정이 끊임없이 상호작용으로서 이루어져야 한다. 이를 위해서 기본 교재와 워크북 교재·연습서 교재를 유기적으로 잘 활용하고 그 과정에서 큰 시너지 효과를 얻기를 바란다.

셋째, <u>오로지 동일한 방식으로 일관되게 풀었다.</u>
이 문제는 이렇게, 저 문제는 또 저렇게, 늘 이렇게 새롭게 문제를 풀어서는 실력이 늘 수 없다. 흔들리지 않는 확실한 지식 하나로 모든 문제가 다 풀리도록 해야 한다. 이를 위해서 본서에서는 문제를 체계적으로 범주화하여 같은 유형의 문제는 오로지 동일한 이론적 접근을 통해서 일관되게 풀었다. 따라서 한 문제를 풀면 또 다른 여러 문제들이 곧바로 자연스럽게 풀리게 될 것이며, 이를 통해서 독자들은 기출문제 풀이에 있어서 이른바 규모의 경제 효과를 느낄 것이다.

넷째, 모든 선지에 대하여 빠짐없이 진위 판정을 내렸다.

본서는 정답이 되는 지문 한 개만 분석하고 그 풀이를 간단히 끝내버리는 것이 아니라 나머지 오답이 되는 지문들도 모두 분석하여 왜 옳고 그른지 자세하게 설명하였다. 저자 입장에서 보면 정답만 해설하면 되는데 오답까지 상세히 해설하자니 얼마나 피곤하고 힘들었겠는가? 그럼에도 독자들의 실력 향상을 위해서 하나도 빠짐없이 모두 철저하게 분석하고 해설하였다. 독자들도 단순히 정답만 확인하고 넘어갈 것이 아니라 오답도 꼼꼼히 확인하여 실력을 키우기 바란다. 금번 오답의 선지가 다음번에는 정답의 선지로 등장한다는 것은 주지의 사실이다.

 지난 기본 교재 집필에 이어 또다시 한정된 짧은 시간 동안 책을 집필한다는 것은 변함없이 힘들면서도 희열 넘치는 일이다. 수험생들의 합격을 기원한다.

2021.6.

조경국

제2편 \ 국제금융이론

MEMO

제 1 편

국제무역이론

조경국
경제학
워크북

국제편

자유무역의 효과

1 수입의 무역이득

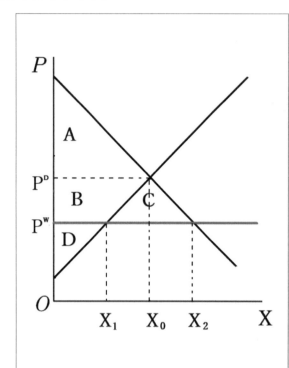

① 무역 이전의 상황
  ⅰ) 가격: P^D
  ⅱ) 생산량: X_0, 소비량: X_0
  ⅲ) 소비자잉여: A
  ⅳ) 생산자잉여: $B+D$
  ⅴ) 사회총잉여: $A+B+D$
② 무역 이후의 상황
  ⅰ) 가격: P^W으로 하락
  ⅱ) 생산량: X_1으로 감소,
      소비량: X_2로 증가
  ⅲ) 소비자잉여: $A+B+C$로 증가
  ⅳ) 생산자잉여: D로 감소
  ⅴ) 사회총잉여: $A+B+C+D$로 증가
③ 무역 전후의 비교
  ⅰ) 소비자잉여: $B+C$만큼 증가
  ⅱ) 생산자잉여: B만큼 감소
  ⅲ) 사회총잉여: C만큼 증가

2 수출의 무역이득

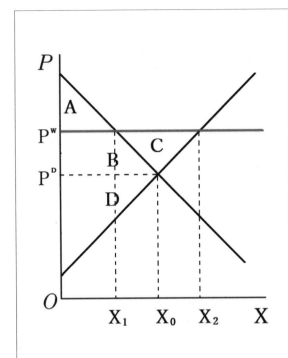

① 무역 이전의 상황

  ⅰ) 가격: P^D

  ⅱ) 생산량: X_0, 소비량: X_0

  ⅲ) 소비자잉여: $A+B$

  ⅳ) 생산자잉여: D

  ⅴ) 사회총잉여: $A+B+D$

② 무역 이후의 상황

  ⅰ) 가격: P^W으로 상승

  ⅱ) 생산량: X_2로 증가,

     소비량: X_1으로 감소

  ⅲ) 소비자잉여: A로 감소

  ⅳ) 생산자잉여: $B+C+D$로 증가

  ⅴ) 사회총잉여: $A+B+C+D$로 증가

③ 무역 전후의 비교

  ⅰ) 소비자잉여: B만큼 감소

  ⅱ) 생산자잉여: $B+C$만큼 증가

  ⅲ) 사회총잉여: C만큼 증가

ISSUE 문제 📝

01 **2011년 국가직 9급**

국가 간의 교역이 경제적 이득을 가져다주는 이유로서 가장 적절한 설명은?

① 국제교역은 소비자잉여와 생산자잉여의 합을 증가시킨다.
② 국제교역은 수출국의 수출상품의 국내가격을 하락시키는 경향이 있다.
③ 특정 재화의 수출·수입에 관계없이 국내 생산자의 이득은 국내 소비자의 손실을 상회한다.
④ 특정 재화의 수출·수입에 관계없이 그 재화의 국내 생산자와 국내 소비자는 경제적 이득이 모두 증가한다.

출제이슈 국제무역의 효과
핵심해설 정답 ①

1) 수입국의 무역이득

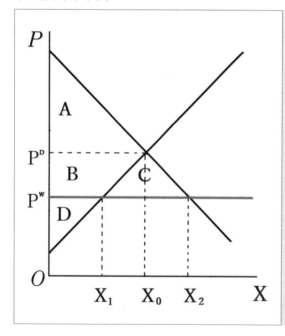

① 무역 이전의 상황
 i) 가격: P^D
 ii) 생산량: X_0, 소비량: X_0
 iii) 소비자잉여: A
 iv) 생산자잉여: $B+D$
 v) 사회총잉여: $A+B+D$
② 무역 이후의 상황
 i) 가격: P^W으로 하락
 ii) 생산량: X_1으로 감소, 소비량: X_2로 증가
 iii) 소비자잉여: $A+B+C$로 증가
 iv) 생산자잉여: D로 감소
 v) 사회총잉여: $A+B+C+D$로 증가
③ 무역 전후의 비교
 i) 소비자잉여: $B+C$만큼 증가
 ii) 생산자잉여: B만큼 감소
 iii) 사회총잉여: C만큼 증가

2) 수출국의 무역이득

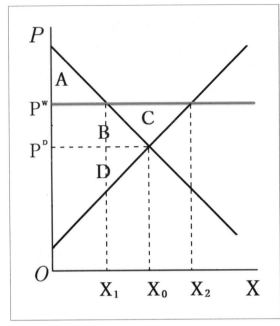

① 무역 이전의 상황
  ⅰ) 가격: P^D
  ⅱ) 생산량: X_0, 소비량: X_0
  ⅲ) 소비자잉여: $A+B$
  ⅳ) 생산자잉여: D
  ⅴ) 사회총잉여: $A+B+D$
② 무역 이후의 상황
  ⅰ) 가격: P^W으로 상승
  ⅱ) 생산량: X_2로 증가, 소비량: X_1으로 감소
  ⅲ) 소비자잉여: A로 감소
  ⅳ) 생산자잉여: $B+C+D$로 증가
  ⅴ) 사회총잉여: $A+B+C+D$로 증가
③ 무역 전후의 비교
  ⅰ) 소비자잉여: B만큼 감소
  ⅱ) 생산자잉여: $B+C$만큼 증가
  ⅲ) 사회총잉여: C만큼 증가

위의 내용에 따라서 설문을 검토하면 다음과 같다.

① 옳은 내용이다.
국제교역은 수입국도 수출국도 모두 소비자잉여와 생산자잉여의 합인 사회총후생을 증가시킨다.

② 틀린 내용이다.
국제교역은 수출국의 수출상품의 국내가격을 하락시키는 것이 아니라 상승시키는 경향이 있다.

③ 틀린 내용이다.
수출입에 관계없는 것이 아니라 특정 재화의 수출에 있어서 국내 생산자의 이득은 국내 소비자의 손실을 상회한다.

④ 틀린 내용이다.
수출입에 관계없는 것이 아니라 특정 재화의 수출 시 그 재화의 국내 생산자의 이득은 증가하고 특정 재화의 수입 시 그 재화의 국내 소비자의 이득은 증가한다.

02 2012년 국가직 9급

소규모 경제인 Z국가의 X재화 시장에는 A와 B 소비자만 존재하고, A와 B의 개별수요곡선은 $P = 5,000 - 2Q$로 동일하다. Z국가의 X재화 시장의 개방으로 Z재화는 국제시장균형가격인 1.5달러에 수입되며, 환율은 달러당 1,200원이다. X재화에 대한 시장 개방 후 Z 국가의 Z재화 시장에서 판매되는 X재화의 양은? (단, Q는 수량, P는 가격을 나타낸다)

① 1,400

② 1,800

③ 3,200

④ 3,600

출제이슈 국제무역의 효과
핵심해설 정답 ③

1) 시장수요 구하기

개별수요가 $P = 5,000 - 2Q$이므로 2명의 소비자만 있는 이 경제에서 시장수요는 개별수요를 수평합하여 도출할 수 있다. 따라서 시장수요는 $P = 5,000 - Q$가 된다.

2) 공급

① 국내공급 : 설문에서 주어지지 않았다.

② 국제시장에서 수입으로 인한 공급

ⅰ) 국내수입가격 : 1.5달러이며, 환율을 고려하면, 국내수입가격은 1,800원이다.

ⅱ) 수입공급곡선 : 소국경제를 고려하면 이 가격에 무한대의 수입이 가능하므로 $P = 1,800$이다.

3) 시장개방 이후 국내시장수요

수입공급가격이 $P = 1,800$이고 국내시장수요가 $P = 5,000 - Q$이므로 이때 수요량은 $Q = 3,200$이다.

03 〔2011년 지방직 7급〕

다음 그림은 시장개방 전후에 소규모 경제국인 A국의 X재 시장균형 상태를 보여준다. 개방이전 국내 시장에서 X재는 P_0 가격에 X_0 만큼 거래되고 있으며, 세계시장 가격은 P_1 이다. A국이 X재 시장을 개방할 때 X재 시장에서 A국의 총잉여 변화의 크기는? (단, 시장개방으로 인해 A국의 국내수요곡선과 국내공급곡선은 변하지 않는다)

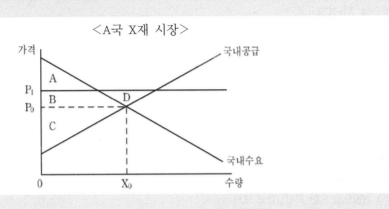

<A국 X재 시장>

① 변화없다.   ② A
③ B + D   ④ D

출제이슈   국제무역의 효과
핵심해설   정답 ④

수출의 무역이득은 다음과 같다.

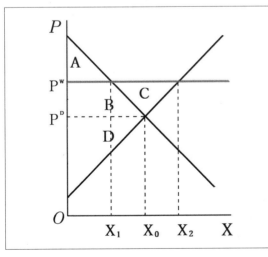

① 무역 이전의 상황
  ⅰ) 소비자잉여 : $A+B$
  ⅱ) 생산자잉여 : D
  ⅲ) 사회총잉여 : $A+B+D$
② 무역 이후의 상황
  ⅰ) 소비자잉여 : A 로 감소
  ⅱ) 생산자잉여 : $B+C+D$로 증가
  ⅲ) 사회총잉여 : $A+B+C+D$로 증가
③ 무역 전후의 비교
  ⅰ) 소비자잉여 : B만큼 감소
  ⅱ) 생산자잉여 : $B+C$만큼 증가
  ⅲ) 사회총잉여 : C만큼 증가

설문에서 A국의 총잉여의 변화는 D로 나타난다.

04 2017년 서울시 7급

A국은 자동차 수입을 금하고 있다. 이 나라에서 자동차 한 대의 가격은 2억 원이고 판매량은 40만 대에 불과하다. 어느 날 새로 선출된 대통령이 자동차 시장을 전격 개방하기로 결정했다. 개방 이후 자동차 가격은 국제시세인 1억 원으로 하락하였고, 국내 시장에서의 자동차 판매량도 60만대로 증가하였다. 이에 대한 설명으로 가장 옳은 것은? (단, 수요곡선과 공급곡선은 직선이며, 공급곡선은 원점을 지난다)

① 국내 소비자잉여 증가분은 국내 생산자잉여 감소분의 2배 이상이다.
② 국내 사회적잉여 증가분은 국내 생산자잉여 감소분보다 크다.
③ 국내 소비자잉여는 예전보다 2배 이상 증가하였다.
④ 국내 사회적잉여 증가분은 국내 소비자잉여 증가분의 절반 이상이다.

출제이슈 국제무역의 효과
핵심해설 정답 ③

1) 무역 개방으로 인한 시장상황의 묘사
설문에 주어진 정보를 이용하여 현재 시장상황을 묘사하면 다음의 그래프와 같다.

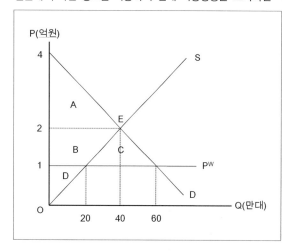

① 무역 이전의 상황
 i) 소비자잉여: $A = 40$
 ii) 생산자잉여: $B+D = 40$
 iii) 사회총잉여: $A+B+D = 80$
② 무역 이후의 상황
 i) 소비자잉여: $A+B+C = 90$
 ii) 생산자잉여: $D = 10$
 iii) 사회총잉여: $A+B+C+D = 100$
③ 무역 전후의 비교
 i) 소비자잉여: $B+C = 50$만큼 증가
 ii) 생산자잉여: $B = 30$만큼 감소
 iii) 사회총잉여: $C = 20$만큼 증가

2) 위의 계산내용을 바탕으로 설문을 검토하면 다음과 같다.

① 틀린 내용이다. 국내 소비자잉여 증가분 50은 국내 생산자잉여 감소분 30의 2배 미만이다.
② 틀린 내용이다. 국내 사회적잉여 증가분 20은 국내 생산자잉여 감소분 30보다 작다.
③ 옳은 내용이다. 국내 소비자잉여는 90으로서 예전의잉여 40보다 50만큼 증가하였고 2배 이상 증가하였다.
④ 틀린 내용이다. 국내 사회적잉여 증가분 20은 국내 소비자잉여 증가분 50의 절반 미만이다.

05 2015년 국가직 7급

A국은 포도주 수입을 금지하는 나라이다. 포도주 수입이 없는 상태에서 포도주의 균형가격이 1병당 20달러이고, 균형생산량은 3만 병이다. 어느 날 A국은 포도주 시장을 전격적으로 개방하기로 하였다. 포도주 시장 개방 이후 A국의 포도주 가격은 국제가격인 16달러로 하락하였고 국내 시장에서의 균형거래량도 5만 병으로 증가하였으나, 국내 포도주 생산량은 1만 병으로 오히려 하락하였다. 다음 중 옳은 것만을 모두 고른 것은? (단, 수요곡선과 공급곡선은 직선이라고 가정한다)

> ㄱ. 국내 사회적잉여 증가분은 국내 생산자잉여 감소분과 같다.
> ㄴ. 국내 사회적잉여 증가분은 국내 소비자잉여 증가분의 절반이다.
> ㄷ. 국내 소비자잉여 증가분은 국내 생산자잉여 감소분과 같다.

① ㄱ, ㄴ   ② ㄱ, ㄷ
③ ㄴ, ㄷ   ④ ㄱ, ㄴ, ㄷ

출제이슈 국제무역의 효과
핵심해설 정답 ①

1) 무역 개방으로 인한 시장상황의 묘사
설문에 주어진 정보를 이용하여 현재 시장상황을 묘사하면 다음의 그래프와 같다.

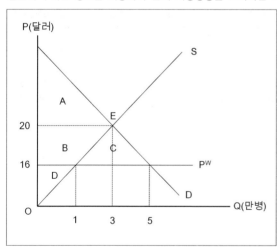

① 무역 이전의 상황
   i) 소비자잉여: A
   ii) 생산자잉여: $B+D$
   iii) 사회총잉여: $A+B+D$
② 무역 이후의 상황
   i) 소비자잉여: $A+B+C$
   ii) 생산자잉여: D
   iii) 사회총잉여: $A+B+C+D$
③ 무역 전후의 비교
   i) 소비자잉여: $B+C$ = 16만큼 증가
   ii) 생산자잉여: B = 8만큼 감소
   iii) 사회총잉여: C = 8만큼 증가

2) 위의 계산 내용을 바탕으로 설문을 검토하면 다음과 같다.

ㄱ. 옳은 내용이다. 국내 사회적잉여 증가분 8은 국내 생산자잉여 감소분 8과 같다.
ㄴ. 옳은 내용이다. 국내 사회적잉여 증가분 8은 국내 소비자잉여 증가분 16의 절반이다.
ㄷ. 틀린 내용이다. 국내 소비자잉여 증가분 16은 국내 생산자잉여 감소분 8에 비추어 크기가 다르다.

06 | 2016년 서울시 7급

교역이 전혀 없던 두 국가 간에 완전한 자유무역이 개시된다고 하자. 다음 중 가장 옳은 것은?

① 어느 한 개인이라도 이전보다 후생수준이 낮아지는 일은 없다.
② 산업 간 무역보다는 산업 내 무역이 더 많이 생길 것이다.
③ 무역의 확대로 양국에서의 실업이 감소한다.
④ 수출재 시장의 생산자잉여와 수입재 시장의 소비자잉여가 모두 증가한다.

출제이슈 국제무역의 효과
핵심해설 정답 ④

설문을 검토하면 다음과 같다.

① 틀린 내용이다.
무역으로 인하여 이득을 보는 계층도 있지만, 손해를 보는 계층도 또한 존재한다. 다만, 국가 전체적으로 볼 때, 사회총잉여가 증가하기 때문에 무역의 이득이 되는 것이다.

② 틀린 내용이다.
산업 간 무역이 많이 발생할지, 산업 내 무역이 많이 발생할지는 설문에 주어진 정보만 가지고는 판단할 수 없다.

③ 틀린 내용이다.
무역의 확대로 인해 수출산업부문에서는 고용이 증가하지만, 수입대체재산업부문에서는 고용이 감소한다. 이 과정에서 수입대체재산업부문에 고용된 요소에 있어서 타 부문으로 이동이 원활하지 않은 경우 실업이 발생할 수도 있다.

④ 옳은 내용이다.
수출재 시장에서 수출로 인하여 무역 이전보다 더 높은 가격을 받을 수 있게 되어 생산이 증가하여 생산자잉여는 증가한다. 수입재 시장에서 수입으로 인하여 무역 이전보다 더 낮은 가격에 소비가 가능하여 소비가 증가하고 소비자잉여는 증가한다.

ISSUE 02 리카도 무역이론

1 의의

1) 모든 국가는 절대우위재화가 없는 경우라도 각각 비교우위가 있는 재화를 가진다.

2) 비교우위는 노동생산성에 의해서 결정된다.

2 모형의 가정

1) 노동만이 유일한 생산요소

2) 재화의 가치는 노동투입량에 의해 결정(노동가치설)

3) 규모에 대한 보수불변의 생산함수(생산량의 변화에도 불구하고 평균비용 일정)

3 모형의 내용

구분	X재	Y재	상대가격	비교우위 판정
A국	a_X	a_Y	$(\dfrac{P_X}{P_Y})^A = (\dfrac{a_X}{a_Y})^A$	$(\dfrac{P_X}{P_Y})^A < (\dfrac{P_X}{P_Y})^B$, X재 비교우위
B국	$a_X^{\ *}$	$a_Y^{\ *}$	$(\dfrac{P_X}{P_Y})^B = (\dfrac{a_X}{a_Y})^B$	$(\dfrac{P_X}{P_Y})^A < (\dfrac{P_X}{P_Y})^B$, Y재 비교우위

1) X**재의 단위노동투입량** a_X : X재 1단위를 만드는 데 필요한 노동투입량

$$X = \frac{1}{a_X}L_X, \ L_X = a_X X \qquad \text{cf. } 1/a_X : X\text{재 생산 시 노동 1단위의 생산성}$$

2) Y**재의 단위노동투입량** a_Y : Y재 1단위를 만드는 데 필요한 노동투입량

$$Y = \frac{1}{a_Y}L_Y, \ L_Y = a_Y Y \qquad \text{cf. } 1/a_Y : X\text{재 생산 시 노동 1단위의 생산성}$$

3) 가격의 결정

① 노동가치설에 의하여 재회의 가격은 노동의 투입량에 의해 결정된다.

② 각 재화의 가격 및 상대가격: $P_X = w \cdot a_X$, $P_Y = w \cdot a_Y$, $p = \dfrac{P_X}{P_Y} = \dfrac{w \cdot a_X}{w \cdot a_Y} = \dfrac{a_X}{a_Y}$

4) 교역의 결정

① A국의 상대가격 $\left(\dfrac{P_X}{P_Y}\right)^A = \left(\dfrac{a_X}{a_Y}\right)^A$ $<$ B국의 상대가격 $\left(\dfrac{P_X}{P_Y}\right)^B = \left(\dfrac{a_X}{a_Y}\right)^B$ 인 경우

A국은 X재에 비교우위를 가지며 이를 특화·생산하여 수출한다.

② 교역조건은 $\left(\dfrac{P_X}{P_Y}\right)^A = \left(\dfrac{a_X}{a_Y}\right)^A$ 와 $\left(\dfrac{P_X}{P_Y}\right)^A = \left(\dfrac{a_X}{a_Y}\right)^A$ 사이에서 결정된다.

ISSUE 문제 📝

01 · 2013년 지방직 7급

생산요소가 노동 하나뿐인 A국과 B국은 소고기와 의류만을 생산한다. 소고기 1단위와 의류 1단위 생산에 필요한 노동투입량이 다음과 같을 때, 무역이 발생하기 위한 의류에 대한 소고기의 상대가격의 조건은?

	소고기 1단위	의류 1단위
A	1	2
B	6	3

① $\dfrac{P_{소고기}}{P_{의류}} \leq 2$

② $1.5 \leq \dfrac{P_{소고기}}{P_{의류}} \leq 6$

③ $0.5 \leq \dfrac{P_{소고기}}{P_{의류}} \leq 2$

④ $2 \leq \dfrac{P_{소고기}}{P_{의류}}$

출제이슈 리카도 비교우위론, 유형 1 : 단위노동투입량으로 비교우위 판정

핵심해설 정답 ③

리카도 무역이론에서 교역방향의 결정은 비교우위에 의하여 다음과 같다.

구분	X재 소고기	Y재 의류	상대가격	비교우위 판정
A국	$a_X = 1$	$a_Y = 2$	$(\dfrac{P_X}{P_Y})^A = (\dfrac{a_X}{a_Y})^A = \dfrac{1}{2}$	$(\dfrac{P_X}{P_Y})^A = \dfrac{1}{2} < (\dfrac{P_X}{P_Y})^B = 2$, X재 비교우위
B국	$a_X^* = 6$	$a_Y^* = 3$	$(\dfrac{P_X}{P_Y})^B = (\dfrac{a_X}{a_Y})^B = \dfrac{6}{3}$	$(\dfrac{P_X}{P_Y})^A = \dfrac{1}{2} < (\dfrac{P_X}{P_Y})^B = 2$, Y재 비교우위

단, a_X, a_Y, $1/a_X$, $1/a_Y$는 다음과 같다.

X재의 단위노동투입량 a_X : X재 1단위를 만드는 데 필요한 노동투입량, $1/a_X$: X재 생산 시 노동 1단위의 생산성

Y재의 단위노동투입량 a_Y : Y재 1단위를 만드는 데 필요한 노동투입량, $1/a_Y$: X재 생산 시 노동 1단위의 생산성

1) 비교우위의 판정

X재의 A국 상대가격 $(\dfrac{P_X}{P_Y})^A = (\dfrac{a_X}{a_Y})^A = \dfrac{1}{2} < B$국 상대가격 $(\dfrac{P_X}{P_Y})^B = (\dfrac{a_X}{a_Y})^B = \dfrac{6}{3}$ 이므로 A국은 X재 소고기 생산에 비교우위를 가진다.

2) 교역조건

① 양국이 교역을 시작하게 되면 교역조건은 양국의 상대가격비율 사이에서 결정된다.

② $(\frac{P_X}{P_Y})^A = (\frac{a_X}{a_Y})^A = \frac{1}{2}$ 와 $(\frac{P_X}{P_Y})^B = (\frac{a_X}{a_Y})^B = \frac{6}{3}$ 사이에서 결정된다.

교역조건은 수출재와 수입재 사이의 상대가격이다. 따라서 설문에서 무역이 발생하기 위해서는 의류에 대한 소고기의 상대가격이 0.5와 2사이에서 결정되어야 한다.

02 2020년 국가직 7급

A국과 B국은 노동만을 사용하여 X재와 Y재만을 생산한다. 재화 한 단위를 생산하기 위한 노동이 다음 표와 같을 때 옳은 것은? (단, 양국은 비교우위에 따라 교역을 하고, 교역에 따른 비용은 없다)

(단위: 시간)

국가＼재화	X	Y
A	3	6
B	3	7

① X재 1단위가 Y재 $\frac{1}{3}$ 단위와 교환되는 교역조건이면 두 나라 사이에 무역이 일어나지 않는다.

② A국은 X재 생산에, B국은 Y재 생산에 비교우위가 있다.

③ A국은 X재와 Y재의 생산에 절대우위가 있다.

④ X재 생산의 기회비용은 A국이 작다.

출제이슈 리카도 비교우위론, 유형 1: 단위노동투입량으로 비교우위 판정

핵심해설 정답 ①

리카도 무역이론에서 교역방향의 결정은 비교우위에 의하여 다음과 같다.

구분	X재	Y재	상대가격	비교우위 판정
A국	$a_X = 3$	$a_Y = 6$	$(\frac{P_X}{P_Y})^A = (\frac{a_X}{a_Y})^A = \frac{3}{6}$	$(\frac{P_X}{P_Y})^A = \frac{3}{6} > (\frac{P_X}{P_Y})^B = \frac{3}{7}$, Y재 비교우위
B국	$a_X^* = 3$	$a_Y^* = 7$	$(\frac{P_X}{P_Y})^B = (\frac{a_X}{a_Y})^B = \frac{3}{7}$	$(\frac{P_X}{P_Y})^A = \frac{3}{6} > (\frac{P_X}{P_Y})^B = \frac{3}{7}$, X재 비교우위

단, a_X, a_Y, $1/a_X$, $1/a_Y$는 다음과 같다.

X재의 단위노동투입량 a_X : X재 1단위를 만드는 데 필요한 노동투입, $1/a_X$: X재 생산 시 노동 1단위의 생산성

Y재의 단위노동투입량 a_Y : Y재 1단위를 만드는 데 필요한 노동투입, $1/a_Y$: X재 생산 시 노동 1단위의 생산성

1) 비교우위의 판정

X재의 A국 상대가격 $(\frac{P_X}{P_Y})^A = (\frac{a_X}{a_Y})^A = \frac{3}{6} < B$국 상대가격 $(\frac{P_X}{P_Y})^B = (\frac{a_X}{a_Y})^B = \frac{3}{7}$ 이므로 A국은 Y재 생산에 비교우위를 가진다.

2) 교역조건

① 양국이 교역을 시작하게 되면 교역조건은 양국의 상대가격비율 사이에서 결정된다.

② $(\frac{P_X}{P_Y})^B = (\frac{a_X}{a_Y})^B = \frac{3}{7}$ 와 $(\frac{P_X}{P_Y})^A = (\frac{a_X}{a_Y})^A = \frac{1}{2}$ 사이에서 결정된다.

설문을 검토하면 다음과 같다.

① 옳은 내용이다.

양국이 교역을 시작하게 되면 교역조건은 양국의 상대가격비율 사이에서 결정된다.

$(\frac{P_X}{P_Y})^A = (\frac{a_X}{a_Y})^A = \frac{1}{2}$ 와 $(\frac{P_X}{P_Y})^B = (\frac{a_X}{a_Y})^B = \frac{3}{7}$ 사이에서 결정된다.

따라서 X재 1단위가 Y재 $\frac{1}{3}$ 단위와 교환되는 교역조건이면 두 나라 사이에 무역이 일어나지 않는다.

② 틀린 내용이다.

A국의 상대가격 $(\frac{P_X}{P_Y})^A = (\frac{a_X}{a_Y})^A = \frac{3}{6} < B$국의 상대가격 $(\frac{P_X}{P_Y})^B = (\frac{a_X}{a_Y})^B = \frac{3}{7}$ 이므로 A국은 Y재에 비교우위를 가지며 이를 특화·생산하여 수출한다. B국은 X재에 비교우위를 가지며 이를 특화·생산하여 수출한다.

③ 틀린 내용이다.

$a_X = 3$, $a_X^* = 3$ 이므로 A국은 X재 생산에 있어서 절대우위는 없다.

$a_Y = 6$, $a_Y^* = 7$ 이므로 A국은 Y재 생산에 있어서 절대우위가 있다.

④ 틀린 내용이다.

A국의 X재 생산의 기회비용은 $(\frac{P_X}{P_Y})^A = (\frac{a_X}{a_Y})^A = \frac{3}{6}$ 이다.

B국의 X재 생산의 기회비용은 $(\frac{P_X}{P_Y})^B = (\frac{a_X}{a_Y})^B = \frac{3}{7}$ 이다.

따라서 X재 생산의 기회비용은 B국이 작다.

03 │ 2013년 국가직 9급

다음 표는 A국과 B국이 스웨터와 자동차 1단위를 각각 생산하는 데 투입하는 노동량이다. 이 표에 대한 설명으로 옳지 않은 것은?

	A국	B국
스웨터	20	5
자동차	100	50

① A국은 B국에 비해 모든 생산에 비교우위가 있다.
② A국은 자동차 생산에, B국은 스웨터 생산에 비교우위가 있다.
③ B국은 A국에 비해 모든 생산에 절대우위가 있다.
④ A국은 B국에 비해 모든 생산에서 절대적으로 생산성이 낮다.

출제이슈 리카도 비교우위론, 유형 1: 단위노동투입량으로 비교우위 판정
핵심해설 정답 ①

리카도 무역이론에서 교역방향의 결정은 비교우위에 의하여 다음과 같다.

구분	X재 스웨터	Y재 자동차	상대가격	비교우위 판정
A국	$a_X = 20$	$a_Y = 100$	$(\dfrac{P_X}{P_Y})^A = (\dfrac{a_X}{a_Y})^A = \dfrac{20}{100}$	$(\dfrac{P_X}{P_Y})^A = \dfrac{1}{5} > (\dfrac{P_X}{P_Y})^B = \dfrac{1}{10}$, Y재 비교우위
B국	$a_X^* = 5$	$a_Y^* = 50$	$(\dfrac{P_X}{P_Y})^B = (\dfrac{a_X}{a_Y})^B = \dfrac{5}{50}$	$(\dfrac{P_X}{P_Y})^A = \dfrac{1}{5} > (\dfrac{P_X}{P_Y})^B = \dfrac{1}{10}$, X재 비교우위

단, a_X, a_Y, $1/a_X$, $1/a_Y$는 다음과 같다.
X재의 단위노동투입량 a_X : X재 1단위를 만드는 데 필요한 노동투입량, $1/a_X$: X재 생산 시 노동 1단위의 생산성
Y재의 단위노동투입량 a_Y : Y재 1단위를 만드는 데 필요한 노동투입량, $1/a_Y$: X재 생산 시 노동 1단위의 생산성

1) 비교우위의 판정

X재의 A국 상대가격 $(\dfrac{P_X}{P_Y})^A = (\dfrac{a_X}{a_Y})^A = \dfrac{20}{100} < B$국 상대가격 $(\dfrac{P_X}{P_Y})^B = (\dfrac{a_X}{a_Y})^B = \dfrac{5}{50}$ 이므로 A국은 Y재 자동차 생산에 비교우위를 가진다.

2) 교역조건

① 양국이 교역을 시작하게 되면 교역조건은 양국의 상대가격비율 사이에서 결정된다.

② $(\frac{P_X}{P_Y})^B = (\frac{a_X}{a_Y})^B = \frac{5}{50}$ 와 $(\frac{P_X}{P_Y})^A = (\frac{a_X}{a_Y})^A = \frac{20}{100}$ 사이에서 결정된다.

설문을 검토하면 다음과 같다.

① 틀린 내용이다.

A 국의 상대가격 $(\frac{P_X}{P_Y})^A = (\frac{a_X}{a_Y})^A = \frac{20}{100} < B$ 국의 상대가격 $(\frac{P_X}{P_Y})^B = (\frac{a_X}{a_Y})^B = \frac{5}{50}$ 이므로 A 국은 Y 재 자동차에만 비교우위를 가지며, 반대로 B 국은 X 재 스웨터에만 비교우위를 가진다.

② 옳은 내용이다.

A 국의 상대가격 $(\frac{P_X}{P_Y})^A = (\frac{a_X}{a_Y})^A = \frac{20}{100} < B$ 국의 상대가격 $(\frac{P_X}{P_Y})^B = (\frac{a_X}{a_Y})^B = \frac{5}{50}$ 이므로 A 국은 Y 재 자동차에만 비교우위를 가지며, 반대로 B 국은 X 재 스웨터에만 비교우위를 가진다.

③ 옳은 내용이다.

$a_X = 20$, $a_X^* = 5$ 이므로 B 국은 X 재 스웨터 생산에 있어서 절대우위가 있다. $a_Y = 100$, $a_Y^* = 50$ 이므로 B 국은 Y 재 자동차 생산에 있어서 절대우위가 있다. 따라서 B 국은 A 국에 비해 모든 생산에 절대우위가 있다.

④ 옳은 내용이다.

$\frac{1}{a_X} = \frac{1}{20}$, $\frac{1}{a_X^*} = \frac{1}{5}$ 이므로 A 국은 X 재 스웨터 생산에 있어서 절대적으로 생산성이 낮다. $\frac{1}{a_Y} = \frac{1}{100}$, $\frac{1}{a_Y^*} = \frac{1}{50}$ 이므로 A 국은 Y 재 자동차 생산에 있어서 절대적으로 생산성이 낮다. 따라서 A 국은 B 국에 비해 모든 생산에서 절대적으로 생산성이 낮다.

04 2015년 국가직 9급

다음 표는 농부와 목장 주인이 각자 고기 1단위와 감자 1단위를 생산하는 데 소요되는 시간(분)이다. 이 표에 대한 설명으로 옳지 않은 것은? (단, 생산요소는 노동뿐이고, 농부와 목장 주인은 고기와 감자만 생산한다)

	고기	감자
농부	60	30
목장 주인	60	40

① 농부는 감자 생산에서 목장 주인에 비해 비교우위를 가지고 있다.
② 농부는 감자 생산에서 목장 주인에 비해 절대우위를 가지고 있다.
③ 목장 주인은 고기 생산에서 농부에 비해 비교우위를 가지고 있다.
④ 목장 주인은 고기 생산에서 농부에 비해 절대우위를 가지고 있다.

출제이슈 리카도 비교우위론, 유형 1: 단위노동투입량으로 비교우위 판정
핵심해설 정답 ④

리카도 무역이론에서 교역방향의 결정은 비교우위에 의하여 다음과 같다.

구분	X재 고기	Y재 감자	상대가격	비교우위 판정
A국 농부	$a_X = 60$	$a_Y = 30$	$(\frac{P_X}{P_Y})^A = (\frac{a_X}{a_Y})^A = \frac{60}{30}$	$(\frac{P_X}{P_Y})^A = 2 > (\frac{P_X}{P_Y})^B = 1.5$, Y재 비교우위
B국 목장	$a_X^* = 60$	$a_Y^* = 40$	$(\frac{P_X}{P_Y})^B = (\frac{a_X}{a_Y})^B = \frac{60}{40}$	$(\frac{P_X}{P_Y})^A = 2 > (\frac{P_X}{P_Y})^B = 1.5$, X재 비교우위

단, a_X, a_Y, $1/a_X$, $1/a_Y$는 다음과 같다.
X재의 단위노동투입량 a_X : X재 1단위를 만드는 데 필요한 노동투입량, $1/a_X$: X재 생산 시 노동 1단위의 생산성
Y재의 단위노동투입량 a_Y : Y재 1단위를 만드는 데 필요한 노동투입량, $1/a_Y$: X재 생산 시 노동 1단위의 생산성

1) 비교우위의 판정

X재의 A국(농부) 상대가격 $(\frac{P_X}{P_Y})^A = (\frac{a_X}{a_Y})^A = \frac{60}{30} > B$국(목장) 상대가격 $(\frac{P_X}{P_Y})^B = (\frac{a_X}{a_Y})^B = \frac{60}{40}$이므로 A국(농부)은 Y재 감자 생산에 비교우위를 가진다.

2) 교역조건

① 양국(농부와 목장주인)이 교역을 시작하게 되면 교역조건은 양국의 상대가격비율 사이에서 결정된다.

② $(\frac{P_X}{P_Y})^B = (\frac{a_X}{a_Y})^B = 1.5$와 $(\frac{P_X}{P_Y})^A = (\frac{a_X}{a_Y})^A = 2$ 사이에서 결정된다.

설문을 검토하면 다음과 같다.

① 옳은 내용이다.

A 국(농부)의 상대가격 $(\frac{P_X}{P_Y})^A = (\frac{a_X}{a_Y})^A = \frac{60}{30} > B$ 국(목장)의 상대가격 $(\frac{P_X}{P_Y})^B = (\frac{a_X}{a_Y})^B = \frac{60}{40}$ 이므로 A

국(농부)은 Y 재 감자에 비교우위를 가진다. 반대로 B 국(목장)은 X 재 고기에 비교우위를 가진다.

② 옳은 내용이다.

$a_Y = 30$, $a_Y^* = 40$ 이므로 A 국(농부)은 Y 재 감자 생산에 있어서 절대우위가 있다.

③ 옳은 내용이다.

A 국(농부)의 상대가격 $(\frac{P_X}{P_Y})^A = (\frac{a_X}{a_Y})^A = \frac{60}{30} > B$ 국(목장)의 상대가격 $(\frac{P_X}{P_Y})^B = (\frac{a_X}{a_Y})^B = \frac{60}{40}$ 이므로 A

국(농부)은 Y 재 감자에 비교우위를 가진다. 반대로 B 국(목장)은 X 재 고기에 비교우위를 가진다.

④ 틀린 내용이다.

$a_X = 60$, $a_X^* = 60$ 이므로 B 국(목장주인)은 X 재 고기 생산에 있어서 절대우위는 없다.

05 2017년 하 국가직 7급

다음은 A국과 A국이 노트북과 전기차를 생산하기 위한 단위당 노동소요량을 나타낸다. 이에 대한 설명으로 옳은 것은?

단위당 노동소요량(재화 한 단위 생산을 위한 노동투입시간)		
	노트북	전기차
A국	10	120
B국	20	400

① A국은 노트북 생산에, B국은 전기차 생산에 비교우위가 있다.
② A국은 전기차 생산에, A국은 노트북 생산에 비교우위가 있다.
③ A국은 노트북과 전기차 두 재화 생산 모두에 비교우위가 있다.
④ B국은 노트북과 전기차 두 재화 생산 모두에 절대우위가 있다.

출제이슈 리카도 비교우위론, 유형 1: 단위노동투입량으로 비교우위 판정
핵심해설 정답 ②

리카도 무역이론에서 교역방향의 결정은 비교우위에 의하여 다음과 같다.

구분	X재 노트북	Y재 전기차	상대가격	비교우위 판정
A국	$a_X = 10$	$a_Y = 120$	$(\dfrac{P_X}{P_Y})^A = (\dfrac{a_X}{a_Y})^A = \dfrac{10}{120}$	$(\dfrac{P_X}{P_Y})^A = \dfrac{1}{12} > (\dfrac{P_X}{P_Y})^B = \dfrac{1}{20}$, Y재 비교우위
B국	$a_X^* = 20$	$a_Y^* = 400$	$(\dfrac{P_X}{P_Y})^B = (\dfrac{a_X}{a_Y})^B = \dfrac{20}{400}$	$(\dfrac{P_X}{P_Y})^A = \dfrac{1}{12} > (\dfrac{P_X}{P_Y})^B = \dfrac{1}{20}$, X재 비교우위

단, a_X, a_Y, $1/a_X$, $1/a_Y$는 다음과 같다.

X재의 단위노동투입량 a_X : X재 1단위를 만드는 데 필요한 노동투입량, $1/a_X$: X재 생산 시 노동 1단위의 생산성

Y재의 단위노동투입량 a_Y : Y재 1단위를 만드는 데 필요한 노동투입량, $1/a_Y$: X재 생산 시 노동 1단위의 생산성

1) 비교우위의 판정

X재의 A국 상대가격 $(\dfrac{P_X}{P_Y})^A = (\dfrac{a_X}{a_Y})^A = \dfrac{10}{120} > B$국 상대가격 $(\dfrac{P_X}{P_Y})^B = (\dfrac{a_X}{a_Y})^B = \dfrac{20}{400}$ 이므로 A국은 Y재 전기차 생산에 비교우위를 가진다.

2) 교역조건

① 양국이 교역을 시작하게 되면 교역조건은 양국의 상대가격비율 사이에서 결정된다.

② $(\frac{P_X}{P_Y})^B = (\frac{a_X}{a_Y})^B = \frac{20}{400}$ 와 $(\frac{P_X}{P_Y})^A = (\frac{a_X}{a_Y})^A = \frac{10}{120}$ 사이에서 결정된다.

설문을 검토하면 다음과 같다.

① 틀린 내용이다.

X 재의 A 국 상대가격 $(\frac{P_X}{P_Y})^A = (\frac{a_X}{a_Y})^A = \frac{10}{120} > B$ 국 상대가격 $(\frac{P_X}{P_Y})^B = (\frac{a_X}{a_Y})^B = \frac{20}{400}$ 이므로 A 국은 Y 재 전기차에 비교우위를 가지며, B 국은 X 재 노트북에 비교우위를 가진다.

② 옳은 내용이다.

X 재의 A 국 상대가격 $(\frac{P_X}{P_Y})^A = (\frac{a_X}{a_Y})^A = \frac{10}{120} > B$ 국 상대가격 $(\frac{P_X}{P_Y})^B = (\frac{a_X}{a_Y})^B = \frac{20}{400}$ 이므로 A 국은 Y 재 전기차에 비교우위를 가지며, B 국은 X 재 노트북에 비교우위를 가진다.

③ 틀린 내용이다.

$a_X = 10$, $a_X^{*} = 20$ 이므로 A 국은 X 재 노트북 생산에 있어서 절대우위가 있다. $a_Y = 20$, $a_Y^{*} = 400$ 이므로 A 국은 Y 재 전기차 생산에 있어서 절대우위가 있다. 따라서 A 국은 B 국에 비해 모든 생산에 절대우위가 있다.

한편, X 재의 A 국 상대가격 $(\frac{P_X}{P_Y})^A = (\frac{a_X}{a_Y})^A = \frac{10}{120} > B$ 국 상대가격 $(\frac{P_X}{P_Y})^B = (\frac{a_X}{a_Y})^B = \frac{20}{400}$ 이므로 A 국은 Y 재 전기차에 비교우위를 가지며, B 국은 X 재 노트북에 비교우위를 가진다. 특정 국가가 모든 재화에 절대우위를 가질 수는 있으나 모든 재화에 비교우위를 가질 수는 없다.

④ 틀린 내용이다.

$a_X = 10$, $a_X^{*} = 20$ 이므로 B 국은 X 재 노트북 생산에 있어서 절대열위에 있다. $a_Y = 20$, $a_Y^{*} = 400$ 이므로 B 국은 Y 재 전기차 생산에 있어서 절대열위에 있다. 따라서 B 국은 A 국에 비해 모든 생산에 있어서 절대열위에 있다.

06 2019년 지방직 7급

다음은 영국과 스페인의 치즈와 빵 생산에 관련된 자료와 그에 대한 주장이다. 옳은 것으로만 묶은 것은?

	1개 생산에 소요되는 시간		40시간 일할 때 생산량	
	치즈	빵	치즈	빵
영국	1시간	2시간	40개	20개
스페인	2시간	8시간	20개	5개

ㄱ. 영국에서 생산하는 치즈 1개의 기회비용은 빵 2개이다.
ㄴ. 영국에서 생산하는 치즈 1개의 기회비용은 빵 1/2개이다.
ㄷ. 스페인에서 생산하는 치즈 1개의 기회비용은 빵 1/4개이다.
ㄹ. 영국에서 생산하는 빵 1개의 기회비용은 치즈 2개이다.
ㅁ. 영국에서 생산하는 빵 1개의 기회비용은 치즈 1/2개이다.
ㅂ. 영국은 빵 생산에 절대우위가 있고, 치즈 생산에는 비교우위가 있다.
ㅅ. 영국은 빵 생산에 비교우위가 있고, 스페인은 치즈 생산에 비교우위가 있다.

① ㄱ, ㄷ, ㄹ
② ㄱ, ㅁ, ㅂ
③ ㄴ, ㄷ, ㅅ
④ ㄴ, ㅂ, ㅅ

출제이슈 리카도 비교우위론, 유형 1: 단위노동투입량으로 비교우위 판정
핵심해설 정답 ③

리카도 무역이론에서 교역방향의 결정은 비교우위에 의하여 다음과 같다.

구분	X재 치즈	Y재 빵	상대가격	비교우위 판정
A국 영국	$a_X = 1$	$a_Y = 2$	$(\frac{P_X}{P_Y})^A = (\frac{a_X}{a_Y})^A = 0.5$	$(\frac{P_X}{P_Y})^A = 0.5 > (\frac{P_X}{P_Y})^B = 0.25$, Y재 비교우위
B국 스페인	$a_X^* = 2$	$a_Y^* = 8$	$(\frac{P_X}{P_Y})^B = (\frac{a_X}{a_Y})^B = 0.25$	$(\frac{P_X}{P_Y})^A = 0.5 > (\frac{P_X}{P_Y})^B = 0.25$, X재 비교우위

단, a_X, a_Y, $1/a_X$, $1/a_Y$는 다음과 같다.

X재의 단위노동투입량 a_X : X재 1단위를 만드는 데 필요한 노동투입량, $1/a_X$: X재 생산 시 노동 1단위의 생산성
Y재의 단위노동투입량 a_Y : Y재 1단위를 만드는 데 필요한 노동투입량, $1/a_Y$: X재 생산 시 노동 1단위의 생산성

1) 절대우위의 판정

$a_X = 1 > a_X^* = 2$ 이므로 A 국(영국)은 X 재(치즈) 생산에 있어서 절대우위에 있다.

$a_Y = 2 < a_Y^* = 8$ 이므로 A 국(영국)은 Y 재(빵) 생산에 있어서 절대우위에 있다.

2) 비교우위의 판정

X 재(치즈)의 A 국(영국) 상대가격 $(\frac{P_X}{P_Y})^A = (\frac{a_X}{a_Y})^A = 0.5 > B$ 국(스페인)

상대가격 $(\frac{P_X}{P_Y})^B = (\frac{a_X}{a_Y})^B = 0.25$ 이므로 A 국(영국)은 Y 재(빵) 생산에 비교우위를 가진다.

3) 교역조건

① 양국이 교역을 시작하게 되면 교역조건은 양국의 상대가격비율 사이에서 결정된다.

② $(\frac{P_X}{P_Y})^B = (\frac{a_X}{a_Y})^B = 0.25$ 와 $(\frac{P_X}{P_Y})^A = (\frac{a_X}{a_Y})^A = 0.5$ 사이에서 결정된다.

설문을 검토하면 다음과 같다.

ㄱ은 틀렸고, ㄴ은 옳다.

X 재(치즈)의 A 국(영국) 상대가격은 $(\frac{P_X}{P_Y})^A = (\frac{a_X}{a_Y})^A = 0.5$ 이므로 치즈 1개의 기회비용은 빵 0.5개이다.

ㄷ은 옳다.

X 재(치즈)의 B 국(스페인) 상대가격은 $(\frac{P_X}{P_Y})^B = (\frac{a_X}{a_Y})^B = 0.25$ 이므로 치즈 1개의 기회비용은 빵 0.25개이다.

ㄹ은 옳고 ㅁ은 틀렸다.

X 재(치즈)의 A 국(영국) 상대가격은 $(\frac{P_X}{P_Y})^A = (\frac{a_X}{a_Y})^A = 0.5$ 이므로 반대로 Y 재(빵)의 A 국(영국) 상대가격은 앞의 역수로서 2가 된다. 따라서 빵 1개의 기회비용은 치즈 2개이다.

ㅂ. 틀린 내용이다.

영국은 빵 생산에 절대우위가 있고, 치즈 생산에는 비교열위가 있다. $a_Y = 2 < a_Y^* = 8$ 이므로 A 국(영국)은 Y 재(빵) 생산에 있어서 절대우위에 있다. X 재(치즈)의 A 국(영국) 상대가격 $(\frac{P_X}{P_Y})^A = (\frac{a_X}{a_Y})^A = 0.5 > B$ 국(스페인)이므로

상대가격 $(\frac{P_X}{P_Y})^B = (\frac{a_X}{a_Y})^B = 0.25$ 이므로 A 국(영국)은 Y 재(빵) 생산에 비교우위를 가진다.

ㅅ. 옳은 내용이다.

영국은 빵 생산에 비교우위가 있고, 스페인은 치즈 생산에 비교우위가 있다. X 재(치즈)의 A 국(영국) 상대가격 $(\frac{P_X}{P_Y})^A = (\frac{a_X}{a_Y})^A = 0.5 > B$ 국(스페인)이다.

상대가격 $(\frac{P_X}{P_Y})^B = (\frac{a_X}{a_Y})^B = 0.25$ 이므로 A 국(영국)은 Y 재(빵) 생산에 비교우위를 가지고 B 국(스페인)은 X 재(치즈) 생산에 비교우위가 있다.

07 2010년 국가직 7급

A국에서는 쌀 1톤을 생산하기 위하여 노동 50단위가 필요하고 공작기계 1대를 생산하기 위하여 노동 80단위가 필요하다. B국에서는 쌀 1톤을 생산하기 위하여 노동 100단위가 필요하고 공작기계 1대를 생산하기 위하여 노동 120단위가 필요하다. 비교우위론적 관점에서 옳은 설명은?

① A국은 쌀 생산 및 공작기계 생산에서 비교우위를 가진다.

② A국에서 공작기계 1대를 생산하는 데 발생하는 기회비용은 쌀 $\frac{5}{8}$톤이다.

③ B국은 쌀 생산 및 공작기계 생산에서 비교우위를 가진다.

④ B국에서 공작기계 1대 생산하는 데 발생하는 기회비용은 쌀 1.2톤이다.

출제이슈 리카도 비교우위론, 유형 1: 단위노동투입량으로 비교우위 판정
핵심해설 정답 ④

이 문제는 먼저 주어진 자료를 이용하여 리카도 비교우위 판정표를 만드는 것이 중요하다. 이를 위해 재화 1단위를 만드는 데 투입해야 하는 단위투입노동량 a_X, a_Y을 각국별로 구해야 한다. 예를 들어 A국에서는 쌀 1톤을 생산하기 위하여 노동 50단위가 필요하므로 $a_X = 50$이 된다. 이와 같은 방식으로 리카도 비교우위 판정표를 다음과 같이 만들 수 있다.

리카도 무역이론에서 교역방향의 결정은 비교우위에 의하여 다음과 같다.

구분	X재 쌀	Y재 공작기계	상대가격	비교우위 판정
A국	$a_X = 50$	$a_Y = 80$	$(\frac{P_X}{P_Y})^A = (\frac{a_X}{a_Y})^A = \frac{50}{80}$	$(\frac{P_X}{P_Y})^A = \frac{5}{8} < (\frac{P_X}{P_Y})^B = \frac{5}{6}$, X재 비교우위
B국	$a_X^* = 100$	$a_Y^* = 120$	$(\frac{P_X}{P_Y})^B = (\frac{a_X}{a_Y})^B = \frac{100}{120}$	$(\frac{P_X}{P_Y})^A = \frac{5}{8} < (\frac{P_X}{P_Y})^B = \frac{5}{6}$, Y재 비교우위

단, $1/a_X$, $1/a_Y$는 다음과 같다.

X재의 단위노동투입량 a_X : X재 1단위를 만드는 데 필요한 노동투입량, $1/a_X$: X재 생산 시 노동 1단위의 생산성

Y재의 단위노동투입량 a_Y : Y재 1단위를 만드는 데 필요한 노동투입량, $1/a_Y$: X재 생산 시 노동 1단위의 생산성

1) 비교우위의 판정

X재의 A국 상대가격 $(\frac{P_X}{P_Y})^A = (\frac{a_X}{a_Y})^A = \frac{50}{80} < B$국 상대가격 $(\frac{P_X}{P_Y})^B = (\frac{a_X}{a_Y})^B = \frac{100}{120}$ 이므로 A국은 X재 쌀 생산에 비교우위를 가진다.

2) 교역조건

① 양국이 교역을 시작하게 되면 교역조건은 양국의 상대가격비율 사이에서 결정된다.

② $(\frac{P_X}{P_Y})^A = (\frac{a_X}{a_Y})^A = \frac{50}{80}$ 와 $(\frac{P_X}{P_Y})^B = (\frac{a_X}{a_Y})^B = \frac{100}{120}$ 사이에서 결정된다.

설문을 검토하면 다음과 같다.

① 틀린 내용이다.

X재 쌀의 A국 상대가격 $(\frac{P_X}{P_Y})^A = (\frac{a_X}{a_Y})^A = \frac{50}{80} < B$국 상대가격 $(\frac{P_X}{P_Y})^B = (\frac{a_X}{a_Y})^B = \frac{100}{120}$ 이므로 A국은 X재 쌀에 비교우위를 가지며 Y재 공작기계에는 비교열위가 있다.

② 틀린 내용이다.

X재 쌀의 A국 상대가격 $(\frac{P_X}{P_Y})^A = (\frac{a_X}{a_Y})^A = \frac{50}{80}$ 이므로 쌀 1톤의 기회비용은 공작기계 $\frac{5}{8}$ 대이다. 이는 반대로 공작기계 1대의 기회비용은 쌀 $\frac{8}{5}$ 톤임을 의미한다.

③ 틀린 내용이다.

X재 쌀의 A국 상대가격은 $(\frac{P_X}{P_Y})^A = (\frac{a_X}{a_Y})^A = \frac{50}{80} < B$국 상대가격 $(\frac{P_X}{P_Y})^B = (\frac{a_X}{a_Y})^B = \frac{100}{120}$ 이므로 A국은 X재 쌀에 비교우위를 가지며 Y재 공작기계에는 비교열위가 있다. B국은 Y재 공작기계에 비교우위를 가지며 X재 쌀에는 비교열위가 있다.

④ 옳은 내용이다.

X재 쌀의 B국 상대가격은 $(\frac{P_X}{P_Y})^B = (\frac{a_X}{a_Y})^B = \frac{100}{120}$ 이므로 쌀 1톤의 기회비용은 공작기계 $\frac{10}{12}$ 대이다. 이는 반대로 공작기계 1대의 기회비용은 쌀 $\frac{12}{10} = 1 \cdot 2$톤임을 의미한다.

08 2011년 국가직 9급

A국과 B국의 생산조건이 〈보기〉와 같을 때 다음 중 옳은 것은?

〈보기〉

- A국에서는 감자 1자루를 생산하는 데 노동 5단위가 필요하고, 스마트폰을 1대 생산하기 위해서는 노동 10단위가 필요하다.
- B국에서는 감자 1자루를 생산하는 데 노동 10단위가 필요하고, 스마트폰을 1대 생산하기 위해서는 노동 15단위가 필요하다.

① A국은 두 재화생산에 있어 모두 절대우위를 갖는다.
② B국은 두 재화생산에 있어 모두 절대우위를 갖는다.
③ B국은 감자 생산에 비교우위를 갖고 스마트폰 생산에 비교열위를 갖는다.
④ 주어진 정보만으로는 비교우위를 판단할 수 없다.

출제이슈 리카도 비교우위론, 유형 1: 단위노동투입량으로 비교우위 판정
핵심해설 정답 ①

이 문제는 먼저 주어진 자료를 이용하여 리카도 비교우위 판정표를 만드는 것이 중요하다. 이를 위해 재화 1단위를 만드는 데 투입해야 하는 단위투입노동량 a_X, a_Y을 각국별로 구해야 한다. 예를 들어 A국에서는 감자 1자루를 생산하기 위하여 노동 5단위가 필요하므로 $a_X = 5$가 된다. 이와 같은 방식으로 리카도 비교우위 판정표를 다음과 같이 만들 수 있다.

리카도 무역이론에서 교역방향의 결정은 비교우위에 의하여 다음과 같다.

구분	X재 감자	Y재 스마트폰	상대가격	비교우위 판정
A국	$a_X = 5$	$a_Y = 10$	$(\dfrac{P_X}{P_Y})^A = (\dfrac{a_X}{a_Y})^A = \dfrac{5}{10}$	$(\dfrac{P_X}{P_Y})^A = \dfrac{5}{10} < (\dfrac{P_X}{P_Y})^B = \dfrac{10}{15}$, X재 비교우위
B국	$a_X^* = 10$	$a_Y^* = 15$	$(\dfrac{P_X}{P_Y})^B = (\dfrac{a_X}{a_Y})^B = \dfrac{10}{15}$	$(\dfrac{P_X}{P_Y})^A = \dfrac{5}{10} < (\dfrac{P_X}{P_Y})^B = \dfrac{10}{15}$, Y재 비교우위

단, $1/a_X$, $1/a_Y$는 다음과 같다.

X재의 단위노동투입량 a_X: X재 1단위를 만드는 데 필요한 노동투입량, $1/a_X$: X재 생산 시 노동 1단위의 생산성

Y재의 단위노동투입량 a_Y: Y재 1단위를 만드는 데 필요한 노동투입량, $1/a_Y$: X재 생산 시 노동 1단위의 생산성

1) 절대우위의 판정

$a_X = 5$, $a_X^* = 10$이므로 A국은 X재 감자 생산에 있어서 절대우위가 있다. $a_Y = 10$, $a_Y^* = 15$이므로 A국은 Y재 스마트폰 생산에 있어서 절대우위가 있다. 따라서 A국은 B국에 비해 모든 생산에 있어서 절대우위가 있으며, 반대로 B국은 A국에 비해 모든 생산에 있어서 절대열위에 있다.

2) 비교우위의 판정

X재 감자의 A국 상대가격 $(\dfrac{P_X}{P_Y})^A = (\dfrac{a_X}{a_Y})^A = \dfrac{5}{10} < B$국 상대가격 $(\dfrac{P_X}{P_Y})^B = (\dfrac{a_X}{a_Y})^B = \dfrac{10}{15}$ 이므로

A국은 X재 감자 생산에 비교우위를 가진다.

3) 교역조건

① 양국이 교역을 시작하게 되면 교역조건은 양국의 상대가격비율 사이에서 결정된다.

② $(\dfrac{P_X}{P_Y})^A = (\dfrac{a_X}{a_Y})^A = \dfrac{5}{10}$ 와 $(\dfrac{P_X}{P_Y})^B = (\dfrac{a_X}{a_Y})^B = \dfrac{10}{15}$ 사이에서 결정된다.

설문을 검토하면 다음과 같다.

① 옳은 내용이다.

$a_X = 5$, $a_X^* = 10$이므로 A국은 X재 감자 생산에 있어서 절대우위가 있다. $a_Y = 10$, $a_Y^* = 15$이므로 A국은 Y재 스마트폰 생산에 있어서 절대우위가 있다. 따라서 A국은 B국에 비해 모든 생산에 있어서 절대우위가 있으며, 반대로 B국은 A국에 비해 모든 생산에 있어서 절대열위에 있다.

② 틀린 내용이다.

$a_X = 5$, $a_X^* = 10$이므로 A국은 X재 감자 생산에 있어서 절대우위가 있다. $a_Y = 10$, $a_Y^* = 15$이므로 A국은 Y재 스마트폰 생산에 있어서 절대우위가 있다. 따라서 A국은 B국에 비해 모든 생산에 있어서 절대우위가 있으며, 반대로 B국은 A국에 비해 모든 생산에 있어서 절대열위에 있다

③ 틀린 내용이다.

X재 감자의 A국 상대가격 $(\dfrac{P_X}{P_Y})^A = (\dfrac{a_X}{a_Y})^A = \dfrac{5}{10} < B$국 상대가격 $(\dfrac{P_X}{P_Y})^B = (\dfrac{a_X}{a_Y})^B = \dfrac{10}{15}$ 이므로

A국은 X재 감자에 비교우위를 가지고 Y재 스마트폰에 비교열위를 가진다. 반대로 B국은 Y재 스마트폰에 비교우위를 가지고 X재 감자에 비교열위를 가진다.

④ 틀린 내용이다.

X재 감자의 A국 상대가격 $(\dfrac{P_X}{P_Y})^A = (\dfrac{a_X}{a_Y})^A = \dfrac{5}{10} < B$국 상대가격 $(\dfrac{P_X}{P_Y})^B = (\dfrac{a_X}{a_Y})^B = \dfrac{10}{15}$ 이므로

A국은 X재 감자에 비교우위를 가지고 Y재 스마트폰에 비교열위를 가진다. 반대로 B국은 Y재 스마트폰에 비교우위를 가지고 X재 감자에 비교열위를 가진다. 따라서 주어진 정보로 비교우위에 대한 판정이 가능하다.

09 2015년 지방직 7급

다음 표는 19세기 후반 강화도 조약 이전의 조선과 해외 열강에서 생산되는 X와 Y 상품 단위 당 소요되는 생산비용을 나타내고 있다. 강화도 조약 이전에는 조선과 해외 열강 사이에는 교역이 없다가, 이 조약에 따라 개항이 이루어졌다. 이들 국가에 오직 X와 Y 두 상품만 존재했다고 가정하면, 비교우위론에 입각하여 일어났을 상황으로 예측해 볼 수 있는 것은?

상품 국가	X	Y
조선	10	20
해외 열강	10	10

① 조선은 개항 이후 수출 없이 수입만 했을 것이다.
② 조선에서 두 재화를 생산하는 기회비용이 모두 높으므로, 두 재화 모두 해외 열강으로 수출되었을 것이다.
③ 조선은 개항에도 불구하고 무역 없이 자급자족 상태를 이어 나갔을 것이다.
④ 조선은 상대적으로 기회비용이 낮은 재화를 수출하고, 상대적으로 기회비용이 높은 재화를 수입했을 것이다.

출제이슈 리카도 비교우위론, 유형 1: 단위노동투입량(투입비용)으로 비교우위 판정
핵심해설 정답 ④

본 문제에서는 단위노동투입량 대신에 1단위 생산에 투입되는 비용이 제시되었다. 리카도 모형에서는 노동만을 생산요소로 전제하고 있고 노동의 임금이 일정하기 때문에 단위노동투입량에 임금률을 곱한 금액이 바로 생산비용이 된다. 그리고 비용이 가격을 결정하게 된다. 따라서 다음과 같은 산식이 성립한다.

$(\frac{P_X}{P_Y})^A = (\frac{a_X}{a_Y})^A = (\frac{W \times a_X}{W \times a_Y})^A = (\frac{C_X}{C_Y})^A$ 이때, W : 노동임금, C : 생산비용이 된다.

결국 단위노동투입량이 제시되든, 단위노동투입비용이 제시되든, 단위가격이 제시되든 리카도 비교우위판정표를 만드는 데 있어서 모두 동일하다는 뜻이다. 이에 근거하여 리카도 비교우위 판정표를 다음과 같이 만들 수 있다.

리카도 무역이론에서 교역방향의 결정은 비교우위에 의하여 다음과 같다.

구분	X 재	Y 재	상대가격	비교우위 판정
A 국 조선	$a_X = 10$	$a_Y = 20$	$(\frac{P_X}{P_Y})^A = (\frac{a_X}{a_Y})^A = \frac{10}{20}$	$(\frac{P_X}{P_Y})^A = 0.5 < (\frac{P_X}{P_Y})^B = 1$, X 재 비교우위
B 국 해외 열강	$a_X^* = 10$	$a_Y^* = 10$	$(\frac{P_X}{P_Y})^B = (\frac{a_X}{a_Y})^B = \frac{10}{10}$	$(\frac{P_X}{P_Y})^A = 0.5 < (\frac{P_X}{P_Y})^B = 1$, Y 재 비교우위

단, $1/a_X$, $1/a_Y$는 다음과 같다.

X재의 단위노동투입량 a_X : X재 1단위를 만드는 데 필요한 노동투입량, $1/a_X$: X재 생산 시 노동 1단위의 생산성

Y재의 단위노동투입량 a_Y : Y재 1단위를 만드는 데 필요한 노동투입량, $1/a_Y$: X재 생산 시 노동 1단위의 생산성

1) 비교우위의 판정

X재의 A국 조선의 상대가격 $(\frac{P_X}{P_Y})^A = (\frac{a_X}{a_Y})^A = 0.5 < B$국 상대가격 $(\frac{P_X}{P_Y})^B = (\frac{a_X}{a_Y})^B = 1$이므로

A국 조선은 X재 생산에 비교우위를 가진다.

2) 교역조건

① 양국 조선과 해외열강 간 교역이 시작되면 교역조건은 양국의 상대가격비율 사이에서 결정된다.

② $(\frac{P_X}{P_Y})^A = (\frac{a_X}{a_Y})^A = 0.5$와 $(\frac{P_X}{P_Y})^B = (\frac{a_X}{a_Y})^B = 1$ 사이에서 결정된다.

설문을 검토하면 다음과 같다.

① 틀린 내용이다.

X재의 A국 조선의 상대가격 $(\frac{P_X}{P_Y})^A = (\frac{a_X}{a_Y})^A = 0.5 < B$국 상대가격 $(\frac{P_X}{P_Y})^B = (\frac{a_X}{a_Y})^B = 1$이므로

A국 조선은 X재 생산에 비교우위를 가지고 Y재 생산에 비교열위가 있다. 따라서 비교우위가 있는 X재에 특화 및 생산하여 수출하고 비교열위에 있는 Y재를 수입할 것이다.

② 틀린 내용이다.

X재의 A국 조선의 상대가격 $(\frac{P_X}{P_Y})^A = (\frac{a_X}{a_Y})^A = 0.5 < B$국 상대가격 $(\frac{P_X}{P_Y})^B = (\frac{a_X}{a_Y})^B = 1$이므로 A국 조선에서 X재를 생산하는 기회비용이 더 낮다. 반대로 Y재의 A국 조선의 상대가격은 위의 역수가 되므로 2가 되고 B국 상대가격은 1이 되어 A국 조선에서 Y재를 생산하는 기회비용이 더 높다. 따라서 A국 조선은 기회비용이 상대적으로 더 낮은 X재를 수출할 것이다.

③ 틀린 내용이다.
A국 조선은 개항 이후 해외 열강과의 교역을 통해서 이득을 얻을 수 있다.

④ 옳은 내용이다.
기회비용이 낮다는 것은 상대가격이 낮아서 가격경쟁력이 있다는 것을 의미하므로 수출이 가능하게 된다. 따라서 조선은 상대적으로 기회비용이 낮은 재화를 수출하고, 상대적으로 기회비용이 높은 재화를 수입했을 것이다.

10 2015년 서울시 7급

A국에서는 X재 1단위 생산에 10의 비용이 필요하고 Y재 1단위 생산에 60의 비용이 필요하다. B국에서는 X재 1단위 생산에 15의 비용이 필요하고 Y재 1단위 생산에 100의 비용이 필요하다. 이 경우에 대한 서술로서 옳은 것은?

① 두 국가 사이에서 A국은 X재 생산에 비교우위가 있고, B국은 Y재 생산에 비교우위가 있다.

② 두 국가 사이에서 A국은 Y재 생산에 비교우위가 있고, B국은 X재 생산에 비교우위가 있다.

③ 두 국가 사이에서 A국은 두 재화 모두의 생산에 비교우위가 있고, B국은 어느 재화의 생산에도 비교우위가 없다.

④ 두 국가 사이에서 A국은 어느 재화의 생산에도 비교우위가 없고 B국은 두 재화 모두의 생산에 비교우위가 있다.

출제이슈 리카도 비교우위론, 유형 1: 단위노동투입량(투입비용)으로 비교우위 판정

핵심해설 정답 ②

본 문제에서는 단위노동투입량 대신에 1단위 생산에 투입되는 비용이 제시되었다. 리카도 모형에서는 노동만을 생산요소로 전제하고 있고 노동의 임금이 일정하기 때문에 단위노동투입량에 임금률을 곱한 금액이 바로 생산비용이 된다. 그리고 비용이 가격을 결정하게 된다. 따라서 다음과 같은 산식이 성립한다.

$(\frac{P_X}{P_Y})^A = (\frac{a_X}{a_Y})^A = (\frac{W \times a_X}{W \times a_Y})^A = (\frac{C_X}{C_Y})^A$ 이때, W : 노동임금, C : 생산비용이 된다.

결국 단위노동투입량이 제시되든, 단위노동투입비용이 제시되든, 단위가격이 제시되든 리카도 비교우위판정표를 만드는 데 있어서 모두 동일하다는 뜻이다. 이에 근거하여 리카도 비교우위 판정표를 다음과 같이 만들 수 있다.

리카도 무역이론에서 교역방향의 결정은 비교우위에 의하여 다음과 같다.

구분	X재	Y재	상대가격	비교우위 판정
A국	$a_X = 10$	$a_Y = 60$	$(\frac{P_X}{P_Y})^A = (\frac{a_X}{a_Y})^A = \frac{10}{60}$	$(\frac{P_X}{P_Y})^A = \frac{1}{6} > (\frac{P_X}{P_Y})^B = 0.15,$ Y재 비교우위
B국	$a_X^* = 15$	$a_Y^* = 100$	$(\frac{P_X}{P_Y})^B = (\frac{a_X}{a_Y})^B = \frac{15}{100}$	$(\frac{P_X}{P_Y})^A = \frac{1}{6} > (\frac{P_X}{P_Y})^B = 0.15,$ X재 비교우위

단, $1/a_X$, $1/a_Y$는 다음과 같다.

X재의 단위노동투입량 a_X : X재 1단위를 만드는 데 필요한 노동투입량, $1/a_X$: X재 생산 시 노동 1단위의 생산성

Y재의 단위노동투입량 a_Y : Y재 1단위를 만드는 데 필요한 노동투입량, $1/a_Y$: X재 생산 시 노동 1단위의 생산성

1) 비교우위의 판정

X재의 A국의 상대가격 $(\frac{P_X}{P_Y})^A = (\frac{a_X}{a_Y})^A = \frac{10}{60} > B$국 상대가격 $(\frac{P_X}{P_Y})^B = (\frac{a_X}{a_Y})^B = \frac{15}{100}$ 이므로 A국은 Y재 생산에 비교우위를 가진다.

2) 교역조건

① 양국 간 교역이 시작되면 교역조건은 양국의 상대가격비율 사이에서 결정된다.

② $(\frac{P_X}{P_Y})^B = (\frac{a_X}{a_Y})^B = \frac{15}{100}$ 와 $(\frac{P_X}{P_Y})^A = (\frac{a_X}{a_Y})^A = \frac{10}{60}$ 사이에서 결정된다.

설문을 검토하면 다음과 같다.

① 틀린 내용이다.

X재의 A국의 상대가격 $(\frac{P_X}{P_Y})^A = (\frac{a_X}{a_Y})^A = \frac{10}{60} > B$국 상대가격 $(\frac{P_X}{P_Y})^B = (\frac{a_X}{a_Y})^B = \frac{15}{100}$ 이므로 A국은 Y재 생산에 비교우위를 가지고, B국은 X재 생산에 비교우위를 가진다.

② 옳은 내용이다.

X재의 A국의 상대가격 $(\frac{P_X}{P_Y})^A = (\frac{a_X}{a_Y})^A = \frac{10}{60} > B$국 상대가격 $(\frac{P_X}{P_Y})^B = (\frac{a_X}{a_Y})^B = \frac{15}{100}$ 이므로 A국은 Y재 생산에 비교우위를 가지고, B국은 X재 생산에 비교우위를 가진다.

③ 틀린 내용이다.
A국은 Y재 생산에 비교우위를 가지고, B국은 X재 생산에 비교우위를 가진다. 한편, 절대우위를 판정하면 다음과 같다. $a_X = 10$, $a_X^* = 15$ 이므로 A국은 X재 생산에 있어서 절대우위가 있다. $a_Y = 60$, $a_Y^* = 100$ 이므로 A국은 Y재 생산에 있어서 절대우위가 있다.
따라서 A국은 B국에 비해 모든 생산에 있어서 절대우위가 있으며, 반대로 B국은 A국에 비해 모든 생산에 있어서 절대열위에 있다.

④ 틀린 내용이다.
A국은 Y재 생산에 비교우위를 가지고, B국은 X재 생산에 비교우위를 가진다. 한편, A국은 B국에 비해 모든 생산에 있어서 절대우위가 있으며, 반대로 B국은 A국에 비해 모든 생산에 있어서 절대열위에 있다. 모든 재화의 생산에 있어서 절대우위가 있더라도 비교열위는 있으며, 역으로 모든 재화의 생산에 있어서 절대열위에 있더라도 비교우위는 있다.

11 2014년 국가직 9급

A국과 B국이 X재와 Y재를 모두 생산하고 있다. 각 재화의 개당 가격이 표와 같을 때, 두 나라가 자유무역을 통해 모두 이득을 볼 수 있는 교역조건은? (단, 교역조건은 'X재의 개당 가격/Y재의 개당 가격'이다)

	A국	B국
X재	12	20
Y재	30	40

① 0.33　　② 0.45

③ 0.60　　④ 0.80

출제이슈 리카도 비교우위론, 유형 2 : 가격으로 비교우위 판정
핵심해설 정답 ②

본 문제에서는 단위노동투입량 대신에 1단위의 가격이 직접적으로 제시되었다. 지금까지 리카도 비교우위 판정표를 작성한 이유는 가격이 직접적으로 제시되지 않았기 때문에 가격을 간접적으로 제시해주는 단위노동투입량이나 생산비용 등을 활용한 것이다. 이제 가격이 직접적으로 주어졌기 때문에 보다 수월하게 비교우위를 판정할 수 있다.

참고로 단위노동투입량, 생산비용, 가격이 주어진 경우 그 관계는 다음과 같다.
리카도 모형에서는 노동만을 생산요소로 전제하고 있고 노동의 임금이 일정하기 때문에 단위노동투입량에 임금률을 곱한 금액이 바로 생산비용이 된다. 그리고 비용이 가격을 결정하게 된다. 따라서 다음과 같은 산식이 성립한다.

$(\frac{P_X}{P_Y})^A = (\frac{a_X}{a_Y})^A = (\frac{W \times a_X}{W \times a_Y})^A = (\frac{C_X}{C_Y})^A$ 이때, W : 노동임금, C : 생산비용이 된다.

결국 단위노동투입량이 제시되든, 단위노동투입비용이 제시되든, 단위가격이 제시되든 리카도 비교우위판정표를 만드는 데 있어서 모두 동일하다는 뜻이다. 이에 근거하여 리카도 비교우위 판정표를 다음과 같이 만들 수 있다.

리카도 무역이론에서 교역방향의 결정은 비교우위에 의하여 다음과 같다.

구분	X재	Y재	상대가격	비교우위 판정
A국	$P_X = 12$	$P_Y = 30$	$(\frac{P_X}{P_Y})^A = \frac{12}{30}$	$(\frac{P_X}{P_Y})^A = 0.4 < (\frac{P_X}{P_Y})^B = 0.5,$ X재 비교우위
B국	$P_X^* = 20$	$P_Y^* = 40$	$(\frac{P_X}{P_Y})^B = \frac{20}{40}$	$(\frac{P_X}{P_Y})^A = 0.4 < (\frac{P_X}{P_Y})^B = 0.5,$ Y재 비교우위

양국 간 교역이 시작되면 교역조건은 양국의 상대가격비율 사이에서 결정된다.

$(\frac{P_X}{P_Y})^A = 0.4$와 $(\frac{P_X}{P_Y})^B = 0.5$ 사이에서 결정된다. 따라서 설문에서 0.45가 해당된다.

12 2017년 서울시 7급

A국, B국은 X재와 Y재만을 생산하고, 생산가능곡선은 각각 $X = 2 - 0.2Y$, $X = 2 - 0.05Y$ 이다. A국과 B국이 X재와 Y재의 거래에서 서로 합의할 수 있는 X재의 가격은?

① Y재 4개
② Y재 11개
③ Y재 21개
④ 거래가 불가능하다.

출제이슈 리카도 비교우위론, 유형 3: 생산가능곡선으로 비교우위 판정
핵심해설 정답 ②

본 문제에서는 단위노동투입량이나 단위노동투입비용 혹은 직접적인 가격 대신에 생산가능곡선이 제시되었다. 따라서 먼저 생산가능곡선에 대하여 간단히 다음과 같이 살펴보자.

이미 미시경제학에서 본 바와 같이 생산가능곡선은 주어진 요소부존 하에서 최대한 생산 가능한 산출물의 조합의 궤적으로서 이는 계약곡선 상의 점에 대응하는 두 재화의 산출수준의 조합을 연결한 곡선을 의미한다. 한편, 계약곡선은 두 재화의 한계기술대체율이 서로 같게 되는 점들을 연결한 곡선으로서 생산의 파레토효율을 만족하는 요소투입 조합을 의미한다.

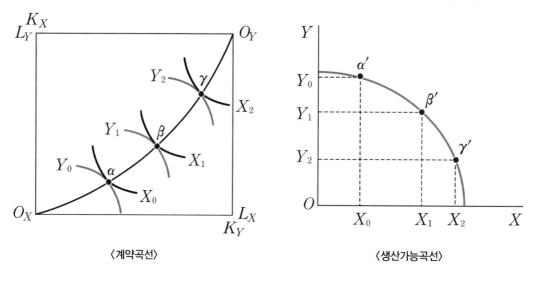

〈계약곡선〉　　　　　　　　　　　〈생산가능곡선〉

생산가능곡선의 기울기(절대값)는 $-\dfrac{dY}{dX} = \dfrac{MC_X}{MC_Y}$ 가 되는데, X재의 Y재로 표시한 기회비용이라고 할 수 있다. 특히 "시장"에서 X재의 Y재로 표시한 기회비용이라고 할 수 있는 상대가격과 동일한 경우에 사회후생을 극대화할 수 있는 전제로서 효율적 생산이 달성된다고 할 수 있다.

이제 리카도 비교우위론에서 생산가능곡선을 도출하여 같이 살펴보도록 하자.

리카도 모형에서 중요한 개념이었던 단위노동투입량은 다음과 같다.

X재의 단위노동투입량 a_X는 X재 1단위를 만드는 데 필요한 노동투입량을 의미한다(cf. $1/a_X$: X재 생산 시 노동 1단위의 생산성). 리카도 모형에서는 규모수익불변의 생산함수를 가정하고 있으므로 생산량의 증감에 관계없이 평균비용이 일치하며 한계비용과도 동일함을 의미한다. 이를 반영하는 생산함수는 다음과 같다.

$X = \dfrac{1}{a_X} L_X$ (단, a_X는 X재 1단위를 만드는 데 필요한 노동투입량, L_X는 X재 생산에 투입되는 노동)

따라서 이를 변형하면, $L_X = a_X X$가 된다.

이를 Y재에 대하여도 고려하면 다음과 같다.

$Y = \dfrac{1}{a_Y} L_Y$ (단, a_Y : Y재 1단위를 만드는 데 필요한 노동투입량, L_Y는 Y재 생산에 투입되는 노동)

따라서 이를 변형하면, $L_Y = a_Y Y$가 된다.

이제 당해 국가에 존재하는 노동부존량 $\overline{L}$을 고려하면 $L_X + L_Y = \overline{L}$가 된다.
따라서 $L_X = a_X X$, $L_Y = a_Y Y$를 위의 요소부존식에 대입하면 다음과 같다.

$a_X X + a_Y Y = \overline{L}$, 이것이 바로 생산가능곡선이 된다. 특히 리카도 모형에서 선형의 생산가능곡선의 기울기(절대값)는

바로 $\dfrac{a_X}{a_Y}$가 된다. 그런데 리카도 모형에서는 노동가치설에 의하여 재화의 가격은 노동의 투입량에 의해 결정된다.

결국 각 재화의 가격 및 상대가격은 다음과 같이 결정된다.

$P_X = w \cdot a_X$, $P_Y = w \cdot a_Y$, $p = \dfrac{P_X}{P_Y} = \dfrac{w \cdot a_X}{w \cdot a_Y} = \dfrac{a_X}{a_Y}$ 즉 $\dfrac{a_X}{a_Y} = \dfrac{P_X}{P_Y}$가 된다.

따라서 비교우위를 판정함에 있어서 지금까지 사용한 단위노동투입량이나 단위노동투입비용 혹은 직접적 가격 대신에 생산 가능곡선의 기울기를 이용해도 됨을 암시해준다.

설문을 검토하면 다음과 같다.
설문에서 A국, B국은 X재와 Y재만을 생산하고, 생산가능곡선은 각각 $X = 2 - 0.2Y$, $X = 2 - 0.05Y$이므로

생산가능곡선의 기울기는 각각 5, 20이 된다. 따라서 X재의 A국 상대가격은 $(\dfrac{P_X}{P_Y})^A = (\dfrac{a_X}{a_Y})^A = 5$이고, B국 상

대가격은 $(\dfrac{P_X}{P_Y})^B = (\dfrac{a_X}{a_Y})^B = 20$이라는 뜻이다.

X재의 A국 상대가격 $(\dfrac{P_X}{P_Y})^A = (\dfrac{a_X}{a_Y})^A = 5 < B$국 상대가격은 $(\dfrac{P_X}{P_Y})^B = (\dfrac{a_X}{a_Y})^B = 20$이므로 A국은 X재

의 생산에 비교우위를 가진다.

교역이 실시될 경우 교역조건, 즉 X재의 Y재로 표시한 실물가격 혹은 기회비용은 $(\dfrac{P_X}{P_Y})^A = (\dfrac{a_X}{a_Y})^A = 5$와

$(\dfrac{P_X}{P_Y})^B = (\dfrac{a_X}{a_Y})^B = 20$ 사이에서 결정될 것이다. 따라서 설문의 Y재 11개가 해당한다.

13 2019년 국가직 7급

갑국과 을국은 X, Y만을 생산하며, 교역 시 비교우위가 있는 재화 생산에 완전특화한다. 양국의 생산가능곡선이 다음과 같을 때 이에 대한 설명으로 옳은 것은? (단, 양국의 생산요소 양은 같고 교역은 양국 간에만 이루어진다)

> 갑국 : $4X + Y = 40$
> 을국 : $2X + 3Y = 60$

① 갑국이 X재 생산을 1단위 늘리려면 Y재 생산을 2단위 줄여야 한다.
② 갑국은 X재 생산에 절대우위를 갖는다.
③ 을국은 X재 생산에 비교우위를 갖는다.
④ X재와 Y재의 교역비율이 1:1이라면 갑국만 교역에 응할 것이다.

출제이슈 리카도 비교우위론, 유형 3 : 생산가능곡선으로 비교우위 판정
핵심해설 정답 ③

본 문제에서는 단위노동투입량이나 단위노동투입비용 혹은 직접적인 가격 대신에 생산 가능곡선이 제시되었다. 따라서 먼저 생산가능곡선에 대하여 간단히 다음과 같이 살펴보자.

이미 미시경제학에서 본 바와 같이 생산가능곡선은 주어진 요소부존 하에서 최대한 생산 가능한 산출물의 조합의 궤적으로서 이는 계약곡선 상의 점에 대응하는 두 재화의 산출수준의 조합을 연결한 곡선을 의미한다. 한편, 계약곡선은 두 재화의 한계기술대체율이 서로 같게 되는 점들을 연결한 곡선으로서 생산의 파레토효율을 만족하는 요소투입 조합을 의미한다.

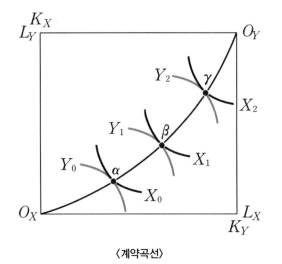

〈계약곡선〉

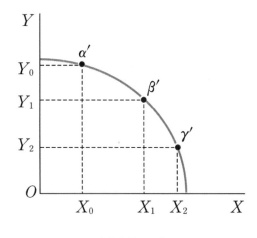

〈생산가능곡선〉

생산가능곡선의 기울기(절대값)는 $-\dfrac{dY}{dX} = \dfrac{MC_X}{MC_Y}$ 가 되는데, X 재의 Y 재로 표시한 기회비용이라고 할 수 있다. 특히 "시장"에서 X 재의 Y 재로 표시한 기회비용이라고 할 수 있는 상대가격과 동일한 경우에 사회후생을 극대화할 수 있는 전제로서 효율적 생산이 달성된다고 할 수 있다.

이제 리카도 비교우위론에서 생산가능곡선을 도출하여 같이 살펴보도록 하자.

리카도 모형에서 중요한 개념이었던 단위노동투입량은 다음과 같다.

X 재의 단위노동투입량 a_X 는 X 재 1단위를 만드는 데 필요한 노동투입량을 의미한다(cf. $1/a_X$: X 재 생산 시 노동 1단위의 생산성). 리카도 모형에서는 규모수익불변의 생산함수를 가정하고 있으므로 생산량의 증감에 관계없이 평균비용이 일치하며 한계비용과도 동일함을 의미한다. 이를 반영하는 생산함수는 다음과 같다.

$X = \dfrac{1}{a_X} L_X$ (단, a_X 는 X 재 1단위를 만드는 데 필요한 노동투입량, L_X 는 X 재 생산에 투입되는 노동)

따라서 이를 변형하면, $L_X = a_X X$ 가 된다.

이를 Y 재에 대하여도 고려하면 다음과 같다.

$Y = \dfrac{1}{a_Y} L_Y$ (단, a_Y : Y 재 1단위를 만드는 데 필요한 노동투입량, L_Y 는 Y 재 생산에 투입되는 노동)

따라서 이를 변형하면, $L_Y = a_Y Y$ 가 된다.

이제 당해 국가에 존재하는 노동부존량 $\overline{L}$ 을 고려하면 $L_X + L_Y = \overline{L}$ 가 된다.

따라서 $L_X = a_X X$, $L_Y = a_Y Y$ 를 위의 요소부존식에 대입하면 다음과 같다.

$a_X X + a_Y Y = \overline{L}$, 이것이 바로 생산가능곡선이 된다. 특히 리카도 모형에서 선형의 생산가능곡선의 기울기(절대값)는 바로 $\dfrac{a_X}{a_Y}$ 가 된다. 그런데 리카도 모형에서는 노동가치설에 의하여 재화의 가격은 노동의 투입량에 의해 결정된다.

결국 각 재화의 가격 및 상대가격은 다음과 같이 결정된다.

$P_X = w \cdot a_X$, $P_Y = w \cdot a_Y$, $p = \dfrac{P_X}{P_Y} = \dfrac{w \cdot a_X}{w \cdot a_Y} = \dfrac{a_X}{a_Y}$ 즉 $\dfrac{a_X}{a_Y} = \dfrac{P_X}{P_Y}$ 가 된다.

따라서 비교우위를 판정함에 있어서 지금까지 사용한 단위노동투입량이나 단위노동투입비용 혹은 직접적 가격 대신에 생산가능곡선의 기울기를 이용해도 됨을 암시해준다.

설문을 검토하면 다음과 같다.

설문에서 A 국(갑국), B 국(을국)은 X 재와 Y 재만을 생산하고, 생산가능곡선은 각각 $4X + Y = 40$, $2X + 3Y = 60$ 이므로 생산가능곡선의 기울기는 각각 4와 $\dfrac{2}{3}$ 가 된다.

따라서 X 재의 A 국(갑국) 상대가격은 $\left(\dfrac{P_X}{P_Y}\right)^A = \left(\dfrac{a_X}{a_Y}\right)^A = 4$ 이고, B 국(을국) 상대가격은 $\left(\dfrac{P_X}{P_Y}\right)^B = \left(\dfrac{a_X}{a_Y}\right)^B = \dfrac{2}{3}$ 이라는 뜻이다.

X 재의 A 국(갑국)의 상대가격 $(\frac{P_X}{P_Y})^A = (\frac{a_X}{a_Y})^A = 4 > B$ 국(을국) 상대가격은 $(\frac{P_X}{P_Y})^B = (\frac{a_X}{a_Y})^B = \frac{2}{3}$ 이므로 A 국(갑국)은 Y 재의 생산에 비교우위를 가진다.

교역이 실시될 경우 교역조건은 $(\frac{P_X}{P_Y})^B = (\frac{a_X}{a_Y})^B = \frac{2}{3}$ 와 $(\frac{P_X}{P_Y})^A = (\frac{a_X}{a_Y})^A = 4$ 에서 결정될 것이다.

설문을 검토하면 다음과 같다.

① 틀린 내용이다.

A 국(갑국) 생산가능곡선의 기울기는 $(\frac{P_X}{P_Y})^A = (\frac{a_X}{a_Y})^A = 4$ 이므로 이는 X 재 1단위와 Y 재 4단위가 교환되므로 생산 측면에서 X 재 1단위를 늘리면 Y 재 4단위의 생산을 줄여야 함을 의미한다.

② 틀린 내용이다.

절대우위를 판정하기 위해서는 생산가능곡선의 기울기인 $(\frac{P_X}{P_Y}) = (\frac{a_X}{a_Y})$ 와 같은 상대적인 비율이 아니라 a_X, a_Y 의 절대적인 수치가 필요하다. 따라서 보통의 경우에는 절대우위를 판정할 수 없다. 그러나 본 문제에서는 양국 간 요소부존이 같다는 조건이 있기 때문에 절대우위의 판정이 가능하다.

먼저 A 국(갑국)의 경우 생산가능곡선이 $4X + Y = 40$

i) X 재에만 특화할 때의 생산량: X 재 10단위이므로 $L = 10\,a_X$ 이므로 $a_X = \frac{L}{10}$

ii) Y 재에만 특화할 때의 생산량: Y 재 40단위이므로 $L = 40\,a_Y$ 이므로 $a_Y = \frac{L}{40}$

그리고 B 국(을국)의 경우 생산가능곡선이 $2X + 3Y = 60$

i) X 재에만 특화할 때의 생산량: X 재 30단위이므로 $L = 30\,a_X$ 이므로 $a_X = \frac{L}{30}$

ii) Y 재에만 특화할 때의 생산량: Y 재 20단위이므로 $L = 20\,a_Y$ 이므로 $a_Y = \frac{L}{20}$

따라서 A 국(갑국)은 X 재 생산에 절대열위, Y 재 생산에 절대우위에 있다.

③ 옳은 내용이다.

X 재의 A 국(갑국) 상대가격 $(\frac{P_X}{P_Y})^A = (\frac{a_X}{a_Y})^A = 4 > B$ 국(을국) 상대가격은 $(\frac{P_X}{P_Y})^B = (\frac{a_X}{a_Y})^B = \frac{2}{3}$ 이므로 A 국(갑국)은 Y 재의 생산에 비교우위를 가지고 B 국(을국)은 X 재의 생산에 비교우위를 가진다.

④ 틀린 내용이다.

교역이 실시될 경우 교역조건은 $(\frac{P_X}{P_Y})^B = (\frac{a_X}{a_Y})^B = \frac{2}{3}$ 와 $(\frac{P_X}{P_Y})^A = (\frac{a_X}{a_Y})^A = 4$ 에서 결정될 것이다. 따라서 X 재와 Y 재의 교역비율이 1:1이라면 A 국(갑국), B 국(을국) 모두 교역을 통해 이득을 얻을 수 있기 때문에 교역에 응할 것이다.

14 2019년 국가직 9급

그림은 甲국과 乙국의 생산가능곡선이다. 이에 대한 설명으로 옳은 것은? (단, 양국은 비교우위에 따라 교역을 하며, 교역에 따른 비용은 없다)

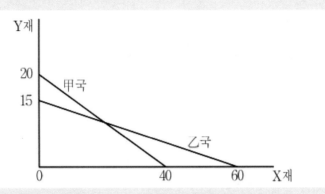

① 교역조건은 Y재 1단위당 X재 2~4단위 사이에서 결정된다.
② 甲국의 경우 X재 1단위를 생산하는 기회비용은 Y재 2단위이다.
③ 甲국은 X재 생산, 乙국은 Y재 생산에 비교우위가 있다.
④ 甲국은 X재 생산, 乙국은 Y재 생산에 절대우위가 있다.

출제이슈 리카도 비교우위론, 유형 3 : 생산가능곡선으로 비교우위 판정
핵심해설 정답 ①

본 문제에서는 단위노동투입량이나 단위노동투입비용 혹은 직접적인 가격 대신에 생산가능곡선이 제시되었다. 따라서 먼저 생산가능곡선에 대하여 간단히 다음과 같이 살펴보자.

이미 미시경제학에서 본 바와 같이 생산가능곡선은 주어진 요소부존 하에서 최대한 생산 가능한 산출물의 조합의 궤적으로서 이는 계약곡선 상의 점에 대응하는 두 재화의 산출수준의 조합을 연결한 곡선을 의미한다. 한편, 계약곡선은 두 재화의 한계기술대체율이 서로 같게 되는 점들을 연결한 곡선으로서 생산의 파레토효율을 만족하는 요소투입 조합을 의미한다.

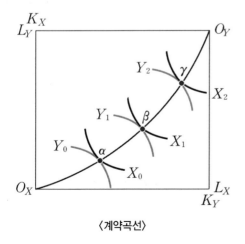

〈계약곡선〉

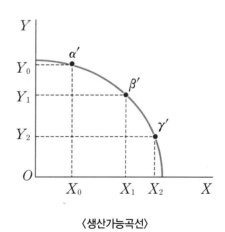

〈생산가능곡선〉

생산가능곡선의 기울기(절대값)는 $-\dfrac{dY}{dX} = \dfrac{MC_X}{MC_Y}$ 가 되는데, X 재의 Y 재로 표시한 기회비용이라고 할 수 있다. 특히 "시장"에서 X 재의 Y 재로 표시한 기회비용이라고 할 수 있는 상대가격과 동일한 경우에 사회후생을 극대화할 수 있는 전제로서 효율적 생산이 달성된다고 할 수 있다.

이제 리카도 비교우위론에서 생산가능곡선을 도출하여 같이 살펴보도록 하자.

리카도 모형에서 중요한 개념이었던 단위노동투입량은 다음과 같다.

X 재의 단위노동투입량 a_X 는 X 재 1단위를 만드는 데 필요한 노동투입량을 의미한다(cf. $1/a_X$: X 재 생산 시 노동 1단위의 생산성). 리카도 모형에서는 규모수익불변의 생산함수를 가정하고 있으므로 생산량의 증감에 관계없이 평균비용이 일치하며 한계비용과도 동일함을 의미한다. 이를 반영하는 생산함수는 다음과 같다.

$X = \dfrac{1}{a_X} L_X$ (단, a_X 는 X 재 1단위를 만드는 데 필요한 노동투입량, L_X 는 X 재 생산에 투입되는 노동)

따라서 이를 변형하면, $L_X = a_X X$ 가 된다.

이를 Y 재에 대하여도 고려하면 다음과 같다.

$Y = \dfrac{1}{a_Y} L_Y$ (단, a_Y : Y 재 1단위를 만드는 데 필요한 노동투입량, L_Y 는 Y 재 생산에 투입되는 노동)

따라서 이를 변형하면, $L_Y = a_Y Y$ 가 된다.

이제 당해 국가에 존재하는 노동부존량 $\overline{L}$ 을 고려하면 $L_X + L_Y = \overline{L}$ 가 된다.

따라서 $L_X = a_X X$, $L_Y = a_Y Y$ 를 위의 요소부존식에 대입하면 다음과 같다.

$a_X X + a_Y Y = \overline{L}$, 이것이 바로 생산가능곡선이 된다.

특히 리카도 모형에서 선형의 생산가능곡선의 기울기(절대값)는 바로 $\dfrac{a_X}{a_Y}$ 가 된다. 그런데 리카도 모형에서는 노동가치설에 의하여 재화의 가격은 노동의 투입량에 의해 결정된다. 결국 각 재화의 가격 및 상대가격은 다음과 같이 결정된다.

$P_X = w \cdot a_X$, $P_Y = w \cdot a_Y$, $p = \dfrac{P_X}{P_Y} = \dfrac{w \cdot a_X}{w \cdot a_Y} = \dfrac{a_X}{a_Y}$ 즉 $\dfrac{a_X}{a_Y} = \dfrac{P_X}{P_Y}$ 가 된다.

따라서 비교우위를 판정함에 있어서 지금까지 사용한 단위노동투입량이나 단위노동투입비용 혹은 직접적 가격 대신에 생산가능곡선의 기울기를 이용해도 됨을 암시해준다.

설문을 검토하면 다음과 같다.

설문에서 A 국(갑국), B 국(을국)은 X 재와 Y 재만을 생산하고, 생산가능곡선은 각각 $Y = -0.5X + 20$, $Y = -0.25X + 15$ 이므로 생산가능곡선의 기울기는 각각 0.5, 0.25가 된다. (그래프의 좌표를 통해서 선형의 생산가능곡선의 방정식 도출이 가능하다.)

따라서 X 재의 A 국(갑국)의 상대가격은 $(\frac{P_X}{P_Y})^A = (\frac{a_X}{a_Y})^A = 0.5$ 이고, B 국(을국) 상대가격은 $(\frac{P_X}{P_Y})^B = (\frac{a_X}{a_Y})^B$ $= 0.25$ 이라는 뜻이다.

X 재의 A 국(갑국) 상대가격 $(\frac{P_X}{P_Y})^A = (\frac{a_X}{a_Y})^A = 0.5 > B$ 국(을국) 상대가격은 $(\frac{P_X}{P_Y})^B = (\frac{a_X}{a_Y})^B = 0.25$ 이므로 A 국(갑국)은 Y 재의 생산에 비교우위를 가진다.

교역이 실시될 경우 교역조건, 즉 X 재의 Y 재로 표시한 실물가격 혹은 기회비용은 $(\frac{P_X}{P_Y})^B = (\frac{a_X}{a_Y})^B = 0.25$ 와

$(\frac{P_X}{P_Y})^A = (\frac{a_X}{a_Y})^A = 0.5$ 사이에서 결정될 것이다.

설문을 검토하면 다음과 같다.

① 옳은 내용이다.
교역조건은 Y재 1단위당 X재 2~4단위 사이에서 결정된다.

교역이 실시될 경우 교역조건, 즉 X 재의 Y 재로 표시한 실물가격 혹은 기회비용은 $(\frac{P_X}{P_Y})^B = (\frac{a_X}{a_Y})^B = 0.25$ 와

$(\frac{P_X}{P_Y})^A = (\frac{a_X}{a_Y})^A = 0.5$ 사이에서 결정될 것이다. 이를 Y 재의 X 재로 표시한 실물가격으로 바꾸어서 해석하면, 위의 식을 역수로 바꾸면 된다. 따라서 교역 시 Y 의 교환비율은 X 재 2단위와 4단위 사이가 된다.

② 틀린 내용이다.
A 국(갑국)의 경우 X 재 1단위를 생산하는 기회비용은 Y 재 0.5단위이다.

X 재의 A 국(갑국)의 상대가격은 $(\frac{P_X}{P_Y})^A = (\frac{a_X}{a_Y})^A = 0.5$ 이므로 A 국(갑국)에서 X 재 생산의 기회비용은 Y 재 0.5단위라는 것을 의미한다.

③ 틀린 내용이다.
A 국(갑국)은 Y 재 생산, B 국(을국)은 X 재 생산에 비교우위가 있다.

X 재의 A 국(갑국) 상대가격 $(\frac{P_X}{P_Y})^A = (\frac{a_X}{a_Y})^A = 0.5 > B$ 국(을국)

상대가격은 $(\frac{P_X}{P_Y})^B = (\frac{a_X}{a_Y})^B = 0.25$ 이므로 A 국(갑국)은 Y 재의 생산에 비교우위를 가지고, B 국(을국)은 X 재의 생산에 비교우위를 가진다.

④ 틀린 내용이다.
설문에서 주어진 자료만으로는 절대우위의 판정은 불가능하다. 절대우위를 판정하기 위해서는 생산가능곡선의 기울기인 $(\frac{P_X}{P_Y}) = (\frac{a_X}{a_Y})$ 와 같은 상대적인 비율이 아니라 a_X, a_Y 의 절대적인 수치가 필요하다. 이를 위해서는 요소부존의 정보가 필요하지만 주어져 있지 않다. 따라서 여기서는 절대우위를 판정할 수 없다.

15 | 2015년 서울시 7급

다음 표는 각각 A국과 B국의 생산가능곡선상 점들의 조합을 나타낸 것이다. 이에 대한 설명으로 옳은 것은? (단, 재화는 X재와 Y재만 존재한다)

X재	0개	1개	2개
Y재	14개	8개	0개

<A국 생산가능곡선상의 조합>

X재	0개	1개	2개
Y재	26개	16개	0개

<B국 생산가능곡선상의 조합>

① X재를 1개 생산함에 따라 발생하는 기회비용은 A국이 B국보다 작다.
② A국이 X재를 생산하지 않는다면 A국은 Y재를 최대 10개까지 생산할 수 있다.
③ A와 B국이 동일한 자원을 보유하고 있는 경우라면 A국의 생산기술이 B국보다 우수하다.
④ B국이 X재를 1개씩 추가적으로 생산함에 따라 발생하는 기회비용은 점차 감소한다.

출제이슈 리카도 비교우위론, 유형 3 : 생산가능곡선으로 비교우위 판정
핵심해설 정답 ①

본 문제에서는 단위노동투입량이나 단위노동투입비용 혹은 직접적인 가격 대신에 생산가능곡선이 제시되었다. 다만, 여기서는 생산가능곡선이 완벽하게 제시된 것이 아니고 생산의 일부 조합점만 제시되고 있음에 유의해야 한다.

미시경제학에서 본 바와 같이 생산가능곡선의 기울기(절대값)는 $-\dfrac{dY}{dX} = \dfrac{MC_X}{MC_Y}$ 가 되는데, X재의 Y재로 표시한 기회비용이라고 할 수 있다. 다만, 여기서는 생산의 일부 조합점만 제시되고 있으므로 개별 생산점에서 기회비용을 해석하면 된다.

A국의 X재 생산의 기회비용을 Y재로 표시하면, X재 생산이 증가함에 따라서 6개와 8개로 기회비용이 증가함을 알 수 있다. 또한 B국의 X재 생산의 기회비용을 Y재로 표시하면, X재 생산이 증가함에 따라서 10개와 16개로 기회비용이 증가함을 알 수 있다.

위의 내용을 바탕으로 설문을 분석하면 다음과 같다.

① 옳은 내용이다.
앞에서 A국의 X재 생산의 기회비용을 Y재로 표시하면, X재 생산이 증가함에 따라서 6개와 8개이다. B국의 X재 생산의 기회비용을 Y재로 표시하면, Y재 생산이 증가함에 따라서 10개와 16개이다. 따라서 X재를 1개 생산함에 따라 발생하는 기회비용은 A국이 B국보다 작다.

② 틀린 내용이다.
A국이 X재를 생산하지 않는다면 A국은 Y재를 최대 14개까지 생산할 수 있다. 이는 설문에서 제시된 A국 생산가능곡선상의 조합을 그대로 해석한 것이다.

③ 틀린 내용이다.

A국과 B국이 동일한 자원을 보유하고 있는 경우를 가정하고, 생산가능곡선을 해석하면 A국이 X재 생산을 하지 않는 경우 Y재는 14개 생산할 수 있으나 B국은 같은 조건에서 Y재를 26개 생산할 수 있다. 만일 A국이 X재 1개를 생산하는 경우 Y재는 8개 생산할 수 있으나 B국은 같은 조건에서 Y재를 16개 생산할 수 있다. 즉, A국보다 B국이 같은 조건 하에서 생산기술이 뛰어나다고 할 수 있다.

④ 틀린 내용이다.

A국의 X재 생산의 기회비용을 Y재로 표시하면, X재 생산이 증가함에 따라서 6개와 8개로 기회비용이 증가함을 알 수 있다. 또한 B국의 X재 생산의 기회비용을 Y재로 표시하면, X재 생산이 증가함에 따라서 10개와 16개로 기회비용이 증가함을 알 수 있다.

16 2019년 서울시 7급

갑국과 을국 두 나라는 각각 A재와 B재를 생산하고 있다. 갑국은 1시간에 A재 16개 또는 B재 64개를 생산할 수 있다. 을국은 1시간에 A재 24개 또는 B재 48개를 생산할 수 있다. 두 나라 사이에서 교역이 이루어질 경우에 대한 설명으로 가장 옳은 것은?

① 갑국은 A재 생산에 절대우위가 있다.
② 을국은 B재 생산에 절대우위가 있다.
③ 갑국은 A재 생산에 비교우위가 있다.
④ 양국 간 교역에서 교환비율이 A재 1개당 B재 3개일 경우, 갑국은 B재 수출국이 된다.

출제이슈 리카도 비교우위론, 유형 4 : 노동생산성으로 비교우위 판정
핵심해설 정답 ④

이 문제는 먼저 주어진 자료를 이용하여 리카도 비교우위 판정표를 만드는 것이 중요하다. 이를 위해 재화 1단위를 만드는 데 투입해야 하는 단위투입노동량 a_X, a_Y 을 각국별로 구해야 한다. 예를 들어 A 국에서는 X 재를 생산하기 위하여 노동 5단위가 필요하다면, $a_X = 5$ 가 된다.

그런데 본 문제에서는 단위노동투입량 대신에 노동생산성이 주어졌다. 단위노동투입량이 재화 1단위를 만드는 데 투입해야 하는 노동량이라면, 노동생산성은 노동 1단위를 투입하여 산출해낼 수 있는 생산량을 의미한다. 따라서 노동생산성은 단위노동투입량의 역수가 된다. 이를 이용하여 리카도 비교우위 판정표를 다음과 같이 만들 수 있다.

리카도 무역이론에서 교역방향의 결정은 비교우위에 의하여 다음과 같다.

구분	X 재 (A 재)	Y 재 (B 재)	상대가격	비교우위 판정
A 국 (갑국)	$a_X = \dfrac{1}{16}$	$a_Y = \dfrac{1}{64}$	$(\dfrac{P_X}{P_Y})^A = (\dfrac{a_X}{a_Y})^A = \dfrac{64}{16}$	$(\dfrac{P_X}{P_Y})^A = 4 > (\dfrac{P_X}{P_Y})^B = 2$, X 재 비교우위
B 국 (을국)	$a_X^* = \dfrac{1}{24}$	$a_Y^* = \dfrac{1}{48}$	$(\dfrac{P_X}{P_Y})^B = (\dfrac{a_X}{a_Y})^B = \dfrac{48}{24}$	$(\dfrac{P_X}{P_Y})^A = 4 > (\dfrac{P_X}{P_Y})^B = 2$, Y 재 비교우위

단, $1/a_X$, $1/a_Y$ 는 다음과 같다.
X 재의 단위노동투입량 a_X : X 재 1단위를 만드는 데 필요한 노동투입량, $1/a_X$: X 재 생산 시 노동 1단위의 생산성
Y 재의 단위노동투입량 a_Y : Y 재 1단위를 만드는 데 필요한 노동투입량, $1/a_Y$: X 재 생산 시 노동 1단위의 생산성

1) 절대우위의 판정

$a_X = \dfrac{1}{16} > a_X^* = \dfrac{1}{24}$ 이므로 A 국(갑국)은 X 재(A 재) 생산에 있어서 절대열위에 있다.

$a_Y = \dfrac{1}{64} < a_Y^* = \dfrac{1}{48}$ 이므로 A 국(갑국)은 Y 재(B 재) 생산에 있어서 절대우위에 있다.

2) 비교우위의 판정

X 재(A 재)의 A 국(갑국) 상대가격 $(\dfrac{P_X}{P_Y})^A = (\dfrac{a_X}{a_Y})^A = 4 > B$ 국(을국) 상대가격 $(\dfrac{P_X}{P_Y})^B = (\dfrac{a_X}{a_Y})^B = 2$ 이므로 A 국(갑국)은 Y 재(B 재) 생산에 비교우위를 가진다.

3) 교역조건

① 양국이 교역을 시작하게 되면 교역조건은 양국의 상대가격비율 사이에서 결정된다.

② $(\dfrac{P_X}{P_Y})^B = (\dfrac{a_X}{a_Y})^B = 2$와 $(\dfrac{P_X}{P_Y})^A = (\dfrac{a_X}{a_Y})^A = 4$ 사이에서 결정된다.

설문을 검토하면 다음과 같다.

① 틀린 내용이다.

$a_X = \dfrac{1}{16} > a_X^* = \dfrac{1}{24}$ 이므로 A 국(갑국)은 X 재(A 재) 생산에 있어서 절대열위에 있다.

② 틀린 내용이다.

$a_Y = \dfrac{1}{64} < a_Y^* = \dfrac{1}{48}$ 이므로 B 국(을국)은 X 재(A 재) 생산에 있어서 절대우위에 있다.

③ 틀린 내용이다.

X 재(A 재)의 A 국(갑국) 상대가격 $(\dfrac{P_X}{P_Y})^A = (\dfrac{a_X}{a_Y})^A = 4 > B$ 국(을국) 상대가격 $(\dfrac{P_X}{P_Y})^B = (\dfrac{a_X}{a_Y})^B = 2$ 이므로 A 국(갑국)은 Y 재(B 재) 생산에 비교우위를 가진다.

④ 옳은 내용이다.
양국 간 교역에서 교환비율이 A재 1개당 B재 3개일 경우, 갑국은 B재 수출국이 된다.

X 재(A 재)의 A 국(갑국) 상대가격 $(\dfrac{P_X}{P_Y})^A = (\dfrac{a_X}{a_Y})^A = 4 > B$ 국(을국) 상대가격 $(\dfrac{P_X}{P_Y})^B = (\dfrac{a_X}{a_Y})^B = 2$ 이므로 A 국(갑국)은 Y 재(B 재) 생산에 비교우위를 가지므로 Y 재(B 재)를 생산, 특화, 수출한다. 한편, B 국(을국)은 X 재(A 재) 생산에 비교우위를 가지므로 X 재(A 재)를 생산, 특화, 수출한다.

양국이 교역을 시작하게 되면 교역조건은 양국의 상대가격비율 사이인 $(\dfrac{P_X}{P_Y})^B = (\dfrac{a_X}{a_Y})^B = 2$와 $(\dfrac{P_X}{P_Y})^A = (\dfrac{a_X}{a_Y})^A = 4$ 사이에서 결정된다. 예를 들어 X 재(A 재) 1단위와 Y 재(B 재) 3단위의 교환이 가능하며, A 국(갑국)은 Y 재(B 재) 생산에 비교우위를 가지므로 Y 재(B 재)를 생산, 특화, 수출한다.

17 2017년 국가직 7급

A국은 한 단위의 노동으로 하루에 쌀 5kg을 생산하거나 옷 5벌을 생산할 수 있다. B국은 한 단위의 노동으로 하루에 쌀 4kg을 생산하거나 옷 2벌을 생산할 수 있다. 두 나라 사이에 무역이 이루어지기 위한 쌀과 옷의 교환비율이 아닌 것은? (단, A국과 B국의 부존노동량은 동일하다)

① $\dfrac{P_{쌀}}{P_{옷}} = 0.9$ ② $\dfrac{P_{쌀}}{P_{옷}} = 0.6$

③ $\dfrac{P_{쌀}}{P_{옷}} = 0.4$ ④ $\dfrac{P_{쌀}}{P_{옷}} = 0.8$

출제이슈 리카도 비교우위론, 유형 4 : 노동생산성으로 비교우위 판정

핵심해설 정답 ③

이 문제는 먼저 주어진 자료를 이용하여 리카도 비교우위 판정표를 만드는 것이 중요하다. 이를 위해 재화 1단위를 만드는 데 투입해야 하는 단위투입노동량 a_X, a_Y을 각국별로 구해야 한다. 예를 들어 A국에서는 X재를 생산하기 위하여 노동 5단위가 필요하다면, $a_X = 5$가 된다.

그런데 본 문제에서는 단위노동투입량 대신에 노동생산성이 주어졌다. 단위노동투입량이 재화 1단위를 만드는 데 투입해야 하는 노동량이라면, 노동생산성은 노동 1단위를 투입하여 산출해낼 수 있는 생산량을 의미한다. 따라서 노동생산성은 단위노동투입량의 역수가 된다. 이를 이용하여 리카도 비교우위 판정표를 다음과 같이 만들 수 있다.

리카도 무역이론에서 교역방향의 결정은 비교우위에 의하여 다음과 같다.

구분	X재 (쌀)	Y재 (옷)	상대가격	비교우위 판정
A국	$a_X = \dfrac{1}{5}$	$a_Y = \dfrac{1}{5}$	$\left(\dfrac{P_X}{P_Y}\right)^A = \left(\dfrac{a_X}{a_Y}\right)^A = 1$	$\left(\dfrac{P_X}{P_Y}\right)^A = 1 > \left(\dfrac{P_X}{P_Y}\right)^B = 0.5$, X재 비교우위
B국	$a_X{}^* = \dfrac{1}{4}$	$a_Y{}^* = \dfrac{1}{2}$	$\left(\dfrac{P_X}{P_Y}\right)^B = \left(\dfrac{a_X}{a_Y}\right)^B = 0.5$	$\left(\dfrac{P_X}{P_Y}\right)^A = 1 > \left(\dfrac{P_X}{P_Y}\right)^B = 0.5$, Y재 비교우위

단, $1/a_X$, $1/a_Y$는 다음과 같다.

X재의 단위노동투입량 a_X : X재 1단위를 만드는 데 필요한 노동투입, $1/a_X$: X재 생산 시 노동 1단위의 생산성

Y재의 단위노동투입량 a_Y : Y재 1단위를 만드는 데 필요한 노동투입량, $1/a_Y$: X재 생산 시 노동 1단위의 생산성

이제 양국이 교역을 시작하게 되면 교역조건은 양국의 상대가격비율 사이에서 결정된다.

$\left(\dfrac{P_X}{P_Y}\right)^B = \left(\dfrac{a_X}{a_Y}\right)^B = 0.5$와 $\left(\dfrac{P_X}{P_Y}\right)^A = \left(\dfrac{a_X}{a_Y}\right)^A = 1$ 사이에서 결정된다.

따라서 설문에서 $\dfrac{P_{쌀}}{P_{옷}} = 0.4$는 쌀과 옷의 교환비율(교역조건)으로 적절하지 않다.

18 2014년 국가직 9급

A국에서는 평균적으로 노동자 1인이 연간 5대의 자동차 또는 3톤의 쌀을 생산할 수 있고, B국에서는 평균적으로 노동자 1인이 연간 3대의 자동차 또는 1톤의 쌀을 생산할 수 있다. 노동생산성을 제외한 다른 조건이 양국 모두 동일할 때 옳은 것은?

① 자동차 생산과 쌀 생산 모두에 대해 A국이 비교우위를 갖는다.
② 자동차 생산과 쌀 생산 모두에 대해 B국이 비교우위를 갖는다.
③ A국은 자동차 생산에, B국은 쌀 생산에 비교우위를 갖는다.
④ A국은 쌀 생산에, B국은 자동차 생산에 비교우위를 갖는다.

출제이슈 리카도 비교우위론, 유형 4 : 노동생산성으로 비교우위 판정
핵심해설 정답 ④

이 문제는 먼저 주어진 자료를 이용하여 리카도 비교우위 판정표를 만드는 것이 중요하다. 이를 위해 재화 1단위를 만드는 데 투입해야 하는 단위투입노동량 a_X, a_Y을 각국별로 구해야 한다. 예를 들어 A국에서는 X재를 생산하기 위하여 노동 5단위가 필요하다면, $a_X = 5$가 된다.

그런데 본 문제에서는 단위노동투입량 대신에 노동생산성이 주어졌다. 단위노동투입량이 재화 1단위를 만드는 데 투입해야 하는 노동량이라면, 노동생산성은 노동 1단위를 투입하여 산출해낼 수 있는 생산량을 의미한다. 따라서 노동생산성은 단위노동투입량의 역수가 된다. 이를 이용하여 리카도 비교우위 판정표를 다음과 같이 만들 수 있다.

리카도 무역이론에서 교역방향의 결정은 비교우위에 의하여 다음과 같다.

구분	X재 (자동차)	Y재 (쌀)	상대가격	비교우위 판정
A국	$a_X = \dfrac{1}{5}$	$a_Y = \dfrac{1}{3}$	$(\dfrac{P_X}{P_Y})^A = (\dfrac{a_X}{a_Y})^A = \dfrac{3}{5}$	$(\dfrac{P_X}{P_Y})^A = \dfrac{3}{5} < (\dfrac{P_X}{P_Y})^B = 1,$ X재 비교우위
B국	$a_X^* = \dfrac{1}{3}$	$a_Y^* = 1$	$(\dfrac{P_X}{P_Y})^B = (\dfrac{a_X}{a_Y})^B = \dfrac{1}{3}$	$(\dfrac{P_X}{P_Y})^A = \dfrac{3}{5} < (\dfrac{P_X}{P_Y})^B = 1,$ Y재 비교우위

단, $1/a_X$, $1/a_Y$는 다음과 같다.
X재의 단위노동투입량 a_X : X재 1단위를 만드는 데 필요한 노동투입량, $1/a_X$: X재 생산 시 노동 1단위의 생산성
Y재의 단위노동투입량 a_Y : Y재 1단위를 만드는 데 필요한 노동투입량, $1/a_Y$: X재 생산 시 노동 1단위의 생산성

1) 절대우위의 판정

$a_X = \dfrac{1}{5} > a_X{}^* = \dfrac{1}{3}$ 이므로 A 국은 X 재(자동차) 생산에 있어서 절대열위에 있다.

$a_Y = \dfrac{1}{3} < a_Y{}^* = 1$ 이므로 A 국은 Y 재(쌀) 생산에 있어서 절대우위에 있다.

2) 비교우위의 판정

X 재(자동차)의 A 국 상대가격 $(\dfrac{P_X}{P_Y})^A = (\dfrac{a_X}{a_Y})^A = \dfrac{3}{5} > B$ 국 상대가격 $(\dfrac{P_X}{P_Y})^B = (\dfrac{a_X}{a_Y})^B = \dfrac{1}{3}$ 이므로 A 국은 Y 재(쌀) 생산에 비교우위를 가진다.

3) 교역조건

① 양국이 교역을 시작하게 되면 교역조건은 양국의 상대가격비율 사이에서 결정된다.

② $(\dfrac{P_X}{P_Y})^B = (\dfrac{a_X}{a_Y})^B = \dfrac{1}{3}$ 과 $(\dfrac{P_X}{P_Y})^A = (\dfrac{a_X}{a_Y})^A = \dfrac{3}{5}$ 사이에서 결정된다.

설문을 검토하면 다음과 같다.

위에서 X 재(자동차)의 A 국 상대가격 $(\dfrac{P_X}{P_Y})^A = (\dfrac{a_X}{a_Y})^A = \dfrac{3}{5} > B$ 국 상대가격 $(\dfrac{P_X}{P_Y})^B = (\dfrac{a_X}{a_Y})^B = \dfrac{1}{3}$ 이므로 A 국은 Y 재(쌀) 생산에 비교우위를 가지고 X 재(자동차)의 생산에 비교열위가 있음을 알았다.

따라서 ④가 옳다. A 국은 쌀 생산에, B 국은 자동차 생산에 비교우위를 갖는다.

19 2016년 지방직 7급

A국가의 노동 1단위는 옥수수 3kg을 생산할 수도 있고, 모자 4개를 생산할 수도 있다. 한편 B국가의 노동 1단위는 옥수수 1kg을 생산할 수도 있고, 모자 2개를 생산할 수도 있다. A국가의 부존노동량은 3만 단위이고, B국가의 부존 노동량은 5만 단위이다. 이에 대한 설명으로 옳지 않은 것은?

① A국은 옥수수를 생산하는 데 절대우위를 가지고 있다.
② A국은 모자를 생산하는 데 절대우위를 가지고 있다.
③ A국의 옥수수 1kg 생산의 기회비용은 모자 4/3개이다.
④ A국은 모자를 생산하는 데 비교우위를 가지고 있다.

출제이슈 리카도 비교우위론, 유형 4 : 노동생산성으로 비교우위 판정
핵심해설 정답 ④

이 문제는 먼저 주어진 자료를 이용하여 리카도 비교우위 판정표를 만드는 것이 중요하다. 이를 위해 재화 1단위를 만드는 데 투입해야 하는 단위투입노동량 a_X, a_Y을 각국별로 구해야 한다. 예를 들어 A국에서는 X재를 생산하기 위하여 노동 5단위가 필요하다면, $a_X = 5$가 된다.

그런데 본 문제에서는 단위노동투입량 대신에 노동생산성이 주어졌다. 단위노동투입량이 재화 1단위를 만드는 데 투입해야 하는 노동량이라면, 노동생산성은 노동 1단위를 투입하여 산출해낼 수 있는 생산량을 의미한다. 따라서 노동생산성은 단위노동투입량의 역수가 된다. 이를 이용하여 리카도 비교우위 판정표를 다음과 같이 만들 수 있다.

리카도 무역이론에서 교역방향의 결정은 비교우위에 의하여 다음과 같다.

구분	X재 (옥수수)	Y재 (모자)	상대가격	비교우위 판정
A국	$a_X = \dfrac{1}{3}$	$a_Y = \dfrac{1}{4}$	$\left(\dfrac{P_X}{P_Y}\right)^A = \left(\dfrac{a_X}{a_Y}\right)^A = \dfrac{4}{3}$	$\left(\dfrac{P_X}{P_Y}\right)^A = \dfrac{4}{3} < \left(\dfrac{P_X}{P_Y}\right)^B = 2,$ X재 비교우위
B국	$a_X^{*} = 1$	$a_Y^{*} = \dfrac{1}{2}$	$\left(\dfrac{P_X}{P_Y}\right)^B = \left(\dfrac{a_X}{a_Y}\right)^B = 2$	$\left(\dfrac{P_X}{P_Y}\right)^A = \dfrac{4}{3} < \left(\dfrac{P_X}{P_Y}\right)^B = 2,$ Y재 비교우위

단, $1/a_X$, $1/a_Y$는 다음과 같다.
X재의 단위노동투입량 a_X : X재 1단위를 만드는 데 필요한 노동투입량, $1/a_X$: X재 생산 시 노동 1단위의 생산성
Y재의 단위노동투입량 a_Y : Y재 1단위를 만드는 데 필요한 노동투입량, $1/a_Y$: X재 생산 시 노동 1단위의 생산성

1) 절대우위의 판정

$a_X = \dfrac{1}{3} < a_X^{\,*} = 1$ 이므로 A 국은 X 재(옥수수) 생산에 있어서 절대우위에 있다.

$a_Y = \dfrac{1}{4} < a_Y^{\,*} = \dfrac{1}{2}$ 이므로 A 국은 Y 재(모자) 생산에 있어서 절대우위에 있다.

2) 비교우위의 판정

X 재(옥수수)의 A 국 상대가격 $(\dfrac{P_X}{P_Y})^A = (\dfrac{a_X}{a_Y})^A = \dfrac{4}{3} < B$ 국 상대가격 $(\dfrac{P_X}{P_Y})^B = (\dfrac{a_X}{a_Y})^B = 2$ 이므로 A 국은 X 재(옥수수) 생산에 비교우위를 가진다.

3) 교역조건

① 양국이 교역을 시작하게 되면 교역조건은 양국의 상대가격비율 사이에서 결정된다.

② $(\dfrac{P_X}{P_Y})^A = (\dfrac{a_X}{a_Y})^A = \dfrac{4}{3}$ 와 $(\dfrac{P_X}{P_Y})^B = (\dfrac{a_X}{a_Y})^B = 2$ 사이에서 결정된다.

설문을 검토하면 다음과 같다.

① 옳은 내용이다.
A 국은 옥수수를 생산하는 데 절대우위를 가지고 있다.

$a_X = \dfrac{1}{3} < a_X^{\,*} = 1$ 이므로 A 국은 X 재(옥수수) 생산에 있어서 절대우위에 있다.

② 옳은 내용이다.
A 국은 모자를 생산하는 데 절대우위를 가지고 있다.

$a_Y = \dfrac{1}{4} < a_Y^{\,*} = \dfrac{1}{2}$ 이므로 A 국은 Y 재(모자) 생산에 있어서 절대우위에 있다.

③ 옳은 내용이다.
A 국의 옥수수 1kg 생산의 기회비용은 모자 4/3개이다.

X 재(옥수수)의 A 국 상대가격 $(\dfrac{P_X}{P_Y})^A = (\dfrac{a_X}{a_Y})^A = \dfrac{4}{3}$ 이므로 이는 A 국의 옥수수 1kg 생산의 기회비용이 모자 $\dfrac{4}{3}$ 개임을 의미한다.

④ 틀린 내용이다.

X 재(옥수수)의 A 국 상대가격 $(\dfrac{P_X}{P_Y})^A = (\dfrac{a_X}{a_Y})^A = \dfrac{4}{3} < B$ 국 상대가격 $(\dfrac{P_X}{P_Y})^B = (\dfrac{a_X}{a_Y})^B = 2$ 이므로 A 국은 X 재(옥수수) 생산에 비교우위를 가진다.

20 │ 2016년 국가직 9급 │

X재와 Y재만을 생산하는 A국과 B국 두 국가만이 존재한다고 하자. A국은 X재를 한 단위 생산하는 시간 동안 Y재를 2단위 생산할 수 있고, B국은 X재를 한 단위 생산하는 시간 동안 Y재를 4단위 생산할 수 있다. 이 비용조건이 항상 일정하다고 할 때, A국과 B국이 무역을 하기 위한 교역 조건으로 가능하지 않은 것은?

① X재 한 단위당 Y재 2.5단위
② X재 한 단위당 Y재 3단위
③ Y재 한 단위당 X재 0.2단위
④ Y재 한 단위당 X재 0.3단위

출제이슈 리카도 비교우위론
핵심해설 정답 ③

1) A 국의 경우

① X 재의 단위노동투입량 a_X : X 재 1단위를 만드는 데 필요한 노동투입량

② Y 재의 단위노동투입량 a_Y : Y 재 1단위를 만드는 데 필요한 노동투입량

③ 따라서 $2a_Y$ 는 Y 재 2단위를 만드는 데 필요한 노동투입량이며 이는 X 재 1단위를 만드는 데 필요한 노동투입량 a_X 와 같다. 따라서 $a_X = 2a_Y$ 가 된다.

④ 따라서 A 국의 상대가격은 $(\frac{P_X}{P_Y})^A = (\frac{a_X}{a_Y})^A = 2$ 가 된다.

2) B 국의 경우

① X 재의 단위노동투입량 a_X : X 재 1단위를 만드는 데 필요한 노동투입량

② Y 재의 단위노동투입량 a_Y : Y 재 1단위를 만드는 데 필요한 노동투입량

③ 따라서 $4a_Y$ 는 Y 재 4단위를 만드는 데 필요한 노동투입량이며 이는 X 재 1단위를 만드는 데 필요한 노동투입량 a_X 와 같다. 따라서 $a_X = 4a_Y$ 가 된다.

④ 따라서 B 국의 상대가격은 $(\frac{P_X}{P_Y})^B = (\frac{a_X}{a_Y})^B = 4$ 가 된다.

3) 교역조건

① 양국이 교역을 시작하게 되면 교역조건은 양국의 상대가격비율 사이에서 결정된다.

② $(\frac{P_X}{P_Y})^A = (\frac{a_X}{a_Y})^A = 2$ 와 $(\frac{P_X}{P_Y})^B = (\frac{a_X}{a_Y})^B = 4$ 사이가 된다.

③ 이는 X 재 1단위가 Y 재와 교환되는 비율이다. 따라서 지문 ①과 ②는 옳은 내용이다.

④ Y 재 1단위가 X 재와 교환되는 비율로 바꾸어 보면, $\frac{1}{4}$ 과 $\frac{1}{2}$ 사이가 된다. 따라서 지문 ③은 틀렸고 지문 ④는 옳은 내용이 된다.

21 2013년 서울시 7급

한국과 중국은 TV와 의류를 모두 생산하고 있다. 한국이 중국보다 두 재화 모두 더 싼 값으로 생산하고 있지만 특히 TV생산에서 상대적인 생산성이 더 높다. 두 나라가 생산하는 재화의 품질이 동일하다고 할 때, 리카도의 비교우위설을 적용한다면 다음 중 옳게 설명하고 있는 것은?

① 한국이 TV와 의류 모두 수출하는 것이 유리하다.
② 한국은 의류, 중국은 TV를 수출하는 것이 유리하다.
③ 두 나라 간의 자발적 교역은 이루어질 수 없다.
④ 교역이 일어나더라도 협상능력이 약한 국가는 교역으로 인해 손실을 본다.
⑤ 두 재화 간의 일정한 교환비용을 벗어날 경우 두 나라간의 교역은 이루어지지 않는다.

출제이슈 리카도 비교우위론
핵심해설 정답 ⑤

① 틀린 내용이다.
한국이 중국보다 두 재화 모두 더 싼 값으로 생산하고 있지만 특히 TV생산에서 상대적인 생산성이 더 높기 때문에 비교우위가 있는 TV를 생산하여 수출해야 한다. 비교열위에 있는 의류는 수입해야 유리하다.

② 틀린 내용이다.
한국이 중국보다 두 재화 모두 더 싼 값으로 생산하고 있지만 특히 TV생산에서 상대적인 생산성이 더 높기 때문에 비교우위가 있는 TV를 생산하여 수출하고 중국은 상대적으로 비교우위가 있는 의류를 생산하여 수출하는 것이 유리하다.

③ 틀린 내용이다.
교역 이전의 양국의 상대가격비율 사이에서 교역조건은 결정되며, 교역으로 인해서 교역당사자 양국은 모두 이득을 얻는다. 따라서 두 나라 모두 무역이득을 얻기 위해서 자발적으로 교역에 임하게 된다.

④ 틀린 내용이다.
교역 이전의 양국의 상대가격비율 사이에서 교역조건은 결정되며, 교역으로 인해서 교역당사자 양국은 모두 이득을 얻는다. 다만, 상대가격비율 사이에서 양국 간 협상으로 인해서 구체적으로 어느 수준으로 결정되는지에 따라서 더 많은 무역이득을 얻을 수도 더 적은 무역이득을 얻을 수도 있다. 따라서 협상능력이 약한 국가도 교역이 일어나기만 하면 교역으로 인해 이득을 보지만, 그 능력에 따라서 이득은 작아질 수 있다.

⑤ 옳은 내용이다.
두 재화 간의 일정한 교환비용을 벗어날 경우 두 나라 간의 교역은 이루어지지 않는다. 교역 이전의 양국의 상대가격비율 사이에서 교역조건은 결정된다. 따라서 이 범위를 벗어나는 경우에는 교역이 이루어지지 않는다.

22 2016년 지방직 7급

다음 표와 같은 조건 하에서 A국과 B국은 옷과 쌀 2가지 상품을 생산하고 있다. 노동만이 두 상품의 유일한 생산요소이고 노동의 한계생산물은 불변인 리카르도 모형을 고려하자. 이제 자유무역으로 국제시장에서 상대가격($P_옷/P_쌀$)은 1이 되었다고 가정하자. 무역 전후에 대한 설명으로 옳은 것은? (단, $wage$는 명목임금, P는 가격, MP는 노동의 한계생산물을 나타낸다)

A국		B국	
$wage = 12$		$wage^* = 6$	
$MP_옷 = 2$	$MP_쌀 =$	$MP_옷^* =$	$MP_쌀^* = 1$
$P_옷 =$	$P_쌀 = 4$	$P_옷^* = 3$	$P_쌀^* =$

① A국은 쌀을 수출할 것이다.

② 무역 이전에, 옷 생산의 경우 B국의 $MP_옷$이 A국의 $MP_옷$보다 높다.

③ 무역 이전에, 쌀 생산의 경우 B국의 $MP_쌀^*$이 A국의 $MP_쌀$보다 높다.

④ 무역이 발생하지 않을 것이다.

출제이슈 리카도 비교우위론
핵심해설 정답 ①

임금이 노동생산성에 의해 결정되는 단순한 모형을 가정하면, $W = PMP_L$이 된다.
설문에서 주어진 자료를 위의 식에 대입하면 다음과 같다.

1) A국의 경우, $wage = 12$
① $12 = P_옷 MP_옷 = P_옷 \times 2$이므로 $P_옷 = 6$
② $12 = P_쌀 MP_쌀 = 4 \times MP_쌀$이므로 $MP_쌀 = 3$

2) B국의 경우, $wage^* = 6$
① $6 = P_옷^* MP_옷^* = 3 \times MP_옷^*$이므로 $MP_옷^* = 2$
② $6 = P_쌀^* MP_쌀^* = P_쌀^* \times 1$이므로 $P_쌀^* = 6$

3) 비교우위의 판정
① A국의 옷의 상대가격 $\dfrac{P_옷}{P_쌀} = \dfrac{6}{4} = 1.5$

② B국의 옷의 상대가격 $\dfrac{P_옷^*}{P_쌀^*} = \dfrac{3}{6} = 0.5$

③ 따라서 A국은 쌀에 비교우위가 있고, B국은 옷에 비교우위가 있다.

설문을 검토하면 다음과 같다.

① 옳은 내용이다.

A국은 쌀을 수출할 것이다. A국의 옷의 상대가격 $\dfrac{P_\text{옷}}{P_\text{쌀}} = \dfrac{6}{4} = 1.5 > B$국의 옷의 상대가격 $\dfrac{P_\text{옷}^*}{P_\text{쌀}^*} = \dfrac{3}{6} = 0.5$이므로 A국은 쌀에 비교우위가 있어서 쌀을 수출할 것이다.

② 틀린 내용이다.

무역 이전에, 옷 생산의 경우 B국의 $MP_\text{옷}^*$과 A국의 $MP_\text{옷}$은 같다. B국의 $MP_\text{옷}^* = 2$이고 A국의 $MP_\text{옷} = 2$이므로 동일하다.

③ 틀린 내용이다.

무역 이전에, 쌀 생산의 경우 B국의 $MP_\text{쌀}^*$이 A국의 $MP_\text{쌀}$보다 낮다. B국의 $MP_\text{쌀}^* = 1$이고 A국의 $MP_\text{쌀} = 3$이므로 B국의 경우 더 낮다.

④ 틀린 내용이다.

양국 간에 무역이 발생하고 양국 모두 이득을 얻게 된다. A국의 옷의 상대가격 $\dfrac{P_\text{옷}}{P_\text{쌀}} = \dfrac{6}{4} = 1.5 > B$국의 옷의 상대가격 $\dfrac{P_\text{옷}^*}{P_\text{쌀}^*} = \dfrac{3}{6} = 0.5$이므로 무역 후 교역조건은 $\dfrac{P_\text{옷}^*}{P_\text{쌀}^*} = \dfrac{3}{6} = 0.5$과 $\dfrac{P_\text{옷}}{P_\text{쌀}} = \dfrac{6}{4} = 1.5$에서 정해지는데 설문에서 1로 나와 있다. 따라서 양국 간에 무역이 발생하고 양국 모두 이득을 얻게 된다.

헥셔 - 올린 이론

2020 국7 | 2019 지7 | 2017 지7 | 2017 국9 | 2016 국7 | 2014 지7

1 의의

1) 노동풍부국은 노동집약재에, 자본풍부국은 자본집약재에 비교우위를 갖는다.

2) 국가의 요소부존도가 비교우위를 결정한다.

2 모형의 가정

1) 노동, 자본 2개 생산요소

2) 양국의 기술체계, 생산함수는 동일

3) 양국의 선호체계, 후생함수는 동일

4) 양국은 요소부존도 차이(노동풍부국, 자본풍부국)

5) 양국의 상품시장, 요소시장은 완전경쟁적(재화가격과 요소가격에 대한 가격수용자)

6) 산업 간 생산요소의 이동은 자유(산업 간 생산요소의 보수는 일치)

7) 두 재화의 요소집약도는 상이(노동집약재, 자본집약재)

8) 운송비, 관세 등 무역장벽은 없음(무역 후 양국의 상품가격은 동일)

9) 생산함수는 규모에 대한 보수 불변

3 모형의 내용

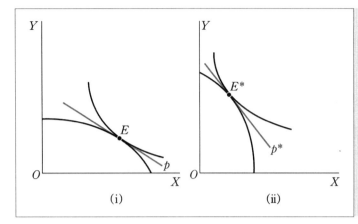

① A국 요소부존도 : $\left(\dfrac{K_A}{L_A}\right)$

② B국 요소부존도 : $\left(\dfrac{K_B}{L_B}\right)$

③ $\left(\dfrac{K_A}{L_A}\right) < \left(\dfrac{K_B}{L_B}\right)$인 경우 :

　A국은 노동풍부국,
　B국은 자본풍부국

① A국의 X재 상대가격($p = \dfrac{P_X}{P_Y}$)은 B국의 상대가격($p^* = \dfrac{P_X^*}{P_Y^*}$)보다 더 낮다.

② A국은 X재에 비교우위를 가지고, B국은 Y재에 비교우위를 가진다.

③ 따라서 헥셔－올린 이론에 의하면 다음과 같다.

　ⅰ) 노동풍부국 A국은 노동집약재 X재에 비교우위를 가진다

　ⅱ) 자본풍부국 B국은 자본집약재 Y재에 비교우위를 가진다.

ISSUE 문제 📝

01 2020년 국가직 7급

헥셔−오린(Heckscher−Ohlin) 모형의 기본 가정으로 옳지 않은 것은?

① 각 산업에서 규모수익은 일정하게 유지된다.
② 양국 간 기술수준 및 선호는 다르다.
③ 노동과 자본의 산업 간 이동은 완전히 자유롭다.
④ 노동과 자본의 국가 간 이동은 완전히 불가능하다.

출제이슈 헥셔 − 올린 이론
핵심해설 정답 ②

헥셔 − 올린 이론의 가정은 다음과 같다.

1) 노동, 자본 2개 생산요소
2) 양국의 기술체계, 생산함수는 동일
3) 양국의 선호체계, 후생함수는 동일
4) 양국은 요소부존도 차이(노동풍부국, 자본풍부국)
5) 양국의 상품시장, 요소시장은 완전경쟁적(재화가격과 요소가격에 대한 가격수용자)
6) 산업 간 생산요소의 이동은 자유(산업 간 생산요소의 보수는 일치)
7) 두 재화의 요소집약도는 상이(노동집약재, 자본집약재)
8) 운송비, 관세 등 무역장벽은 없음(무역 후 양국의 상품가격은 동일)
9) 생산함수는 규모에 대한 보수 불변

따라서 설문에서 ②는 틀린 내용이 된다.

02 2019년 지방직 7급

헥셔 – 올린(Heckscher-Ohlin) 모형과 관련한 설명으로 옳지 않은 것은?

① 자본이 노동에 비해 상대적으로 풍부한 국가는 자본집약적인 상품을 수출한다.
② 생산요소들은 국내에서는 자유롭게 이동할 수 있지만 국가 간 이동은 불가능하다고 가정한다.
③ 생산요소의 국가 간 이동이 불가능한 경우 상품의 국제무역이 발생해도 생산요소의 가격은 불변이다.
④ 교역 대상 상품들의 국가 간 생산기술의 차이는 없다고 가정한다.

출제이슈 ＞ 헥셔 – 올린 이론
핵심해설 ＞ 정답 ③

헥셔 – 올린 이론의 가정은 다음과 같다.

1) 노동, 자본 2개 생산요소
2) 양국의 기술체계, 생산함수는 동일
3) 양국의 선호체계, 후생함수는 동일
4) 양국은 요소부존도 차이(노동풍부국, 자본풍부국)
5) 양국의 상품시장, 요소시장은 완전경쟁적(재화가격과 요소가격에 대한 가격수용자)
6) 산업 간 생산요소의 이동은 자유(산업 간 생산요소의 보수는 일치)
7) 두 재화의 요소집약도는 상이(노동집약재, 자본집약재)
8) 운송비, 관세 등 무역장벽은 없음(무역 후 양국의 상품가격은 동일)
9) 생산함수는 규모에 대한 보수 불변

위의 가정 하에서 헥셔 – 올린의 결론은 노동풍부국에 노동집약재에 비교우위가 있어서 노동집약재를 특화하여 수출하고, 반대로 자본풍부국은 자본집약재에 비교우위가 있어서 자본집약재를 특화하여 수출한다. 한편, 요소가격균등화 정리에 의하면, 무역으로 인한 국가 간 재화의 자유로운 이동으로 인하여 양국의 요소가격은 같아지는데, 양국 간 임금 – 임대료 비율이 같아질 뿐만 아니라, 요소의 절대가격도 국가 간 동일해진다.

위의 내용에 따라서 설문을 검토하면 다음과 같다.

① 옳은 내용이다.
노동풍부국에 노동집약재에 비교우위가 있어서 노동집약재를 특화하여 수출하고, 반대로 자본풍부국은 자본집약재에 비교우위가 있어서 자본집약재를 특화하여 수출한다. 자본이 노동에 비해 상대적으로 풍부한 국가는 자본집약적인 상품을 수출한다.

② 옳은 내용이다.
생산요소들은 국내에서는 산업 간 자유롭게 이동할 수 있지만 국가 간 이동은 불가능하다고 가정한다.

③ 틀린 내용이다.
요소가격균등화 정리에 의하면, 무역으로 인한 국가 간 재화의 자유로운 이동으로 인하여 양국의 요소가격은 같아지는데, 양국 간 임금 – 임대료 비율이 같아질 뿐만 아니라, 요소의 절대가격도 국가 간 동일해진다.

④ 옳은 내용이다.
교역 대상 상품들의 국가 간 기술체계는 동일하여 생산함수는 동일하다고 가정한다.

03 2017년 지방직 7급

레온티에프 역설(Leontief paradox)에 대한 설명으로 옳지 않은 것은?

① 제품의 성숙단계, 인적자본, 천연자본 등을 고려하면 역설을 설명할 수 있다.
② 2차세계대전 직후 미국의 노동자 일인당 자본장비율은 다른 어느 국가보다 낮았다.
③ 미국에서 수출재의 자본집약도는 수입재의 자본집약도보다 낮은 것으로 나타났다.
④ 헥셔올린 정리에 따르면 미국은 상대적으로 자본집약적 재화를 수출할 것으로 예측되었다.

출제이슈 헥셔 – 올린 이론과 레온티에프의 역설
핵심해설 정답 ②

헥셔 – 올린 이론에 의하면, 노동풍부국에 노동집약재에 비교우위가 있어서 노동집약재를 특화하여 수출하고, 반대로 자본풍부국은 자본집약재에 비교우위가 있어서 자본집약재를 특화하여 수출한다.

따라서 자본풍부국인 미국은 자본집약재를 수출하고 노동집약재를 수입할 것으로 예상된다. 그런데 레온티에프가 1947년 미국통계를 통하여 실증검증한 결과, 미국의 수출재의 자본집약도는 수입대체재보다 약 30% 낮았다. 이는 자본풍부국인 미국이 노동집약재를 수출하고 자본집약재를 수출했다는 의미이다. 이러한 역설적 결과를 레온티에프의 역설이라고 한다.

레온티에프의 역설에 대한 설명은 다음과 같다.

① 미국은 컴퓨터, 비행기 등 신기술로 개발된 신제품에 비교우위를 갖는다. 그런데 이런 제품들은 아직 시장이 성숙되지 않아서 대량생산이 이루어지지 않고 있다. 따라서 자본집약도가 높지 않다. 그렇기 때문에 미국은 혁신기술이나 숙련노동을 사용하는 제품을 수출하고 대량생산이 이루어지는 자본집약재를 수입한다.

② 노동, 자본뿐만 아니라 천연자원과 같은 생산요소를 고려하지 못하였기 때문에 역설적 결과가 나타날 수 있다. 즉, 천연자원이 집약된 재화를 자본집약재로 분류할 경우 천연자원을 수입하는 미국이 자본집약재를 수입하는 것으로 나타난다.

③ 노동, 물적자본과 분리하여 인적자본을 고려하지 않았기 때문에 역설적 결과가 나타날 수 있다. 즉, 인적자본을 고려할 경우, 미국은 노동집약재가 아니라 인적자본집약재를 수출하는 것으로 나타난다.

설문을 검토하면 다음과 같다.

① 옳은 내용이다. 제품의 성숙단계, 인적자본, 천연자본 등을 고려하면 역설을 설명할 수 있다.
② 틀린 내용이다. 2차 세계대전 직후 미국의 노동자 일인당 자본장비율은 다른 어느 국가보다 높았다.
③ 옳은 내용이다. 미국에서 수출재의 자본집약도는 수입재의 자본집약도보다 낮은 것으로 나타났다.
④ 옳은 내용이다. 헥셔-올린 정리에 따르면 미국은 상대적으로 자본이 풍부한 국가이므로 풍부한 요소인 자본을 집약적으로 사용하여 생산되는 자본집약적 재화를 수출할 것으로 예측되었다.

04 2017년 국가직 9급

국제무역에서 립진스키의 정리(Rybczynski Theorem)에 대한 설명으로 옳은 것은?

① 한 국가는 그 나라에 상대적으로 풍부하게 부존되어 있는 요소를 집약적으로 사용하는 재화에 비교우위를 갖게 되어 그 재화를 수출하고 다른 재화를 수입하게 된다.
② 국제무역은 국가 간에 생산요소의 직접적인 이동이 없이도 국가 간에 요소가격의 균등화를 가져올 수 있다.
③ 어떤 재화의 가격 상승은 그 재화를 생산하는 데 집약적으로 사용된 생산요소의 실질가격을 증가시키고 다른 생산요소의 실질가격을 하락시킨다.
④ 어떤 생산요소의 부존량이 증가하게 되면 그 생산요소를 집약적으로 사용하는 재화의 절대생산량은 증가하고 다른 재화의 절대생산량은 감소한다.

출제이슈 립친스키 정리, 요소가격균등화 정리
핵심해설 정답 ④

립친스키 정리에 의하면, 소국경제를 대상으로 하여 생산이 변화하더라도 국제시장가격은 불변이고, 요소상대가격, 요소집약도도 모두 불변인 상황 하에서 소규모 개방경제(재화가격이 불변인 상태)에서 어떤 생산요소의 부존량이 증가하면 그 생산요소를 집약적으로 사용하여 생산되는 재화의 생산량은 절대적으로 증가하지만, 그렇지 않은 재화의 생산량은 절대적으로 감소한다.

설문을 검토하면 다음과 같다.

① 틀린 내용이다.
헥셔 − 올린 정리에 대한 설명이다. 한 국가는 그 나라에 상대적으로 풍부하게 부존되어 있는 요소를 집약적으로 사용하는 재화에 비교우위를 갖게 되어 그 재화를 수출하고 다른 재화를 수입하게 된다.

② 틀린 내용이다.
요소가격균등화 정리에 대한 설명이다. 요소가격균등화 정리에 의하면, 무역으로 인한 국가 간 재화의 자유로운 이동으로 인하여 양국의 요소가격은 같아지는데, 양국 간 임금 − 임대료 비율이 같아질 뿐만 아니라, 요소의 절대가격도 국가 간 동일해진다. 즉, 국제무역은 국가 간에 생산요소의 직접적인 이동이 없이도 국가 간에 요소가격의 균등화를 가져올 수 있다는 것이다.

③ 틀린 내용이다.
스톨퍼 − 사뮤엘슨 정리에 대한 설명이다. 어떤 재화의 가격 상승은 그 재화를 생산하는 데 집약적으로 사용된 생산요소의 실질가격을 증가시키고 다른 생산요소의 실질가격을 하락시킨다.

④ 옳은 내용이다.
립친스키 정리에 대한 설명이다. 어떤 생산요소의 부존량이 증가하게 되면 그 생산요소를 집약적으로 사용하는 재화의 절대생산량은 증가하고 다른 재화의 절대생산량은 감소한다.

05 2014년 지방직 7급

A국은 노동과 자본만을 사용하여 노동집약재와 자본집약재를 생산하며 자본에 비해 상대적으로 노동이 풍부한 나라다. 스톨퍼 – 사무엘슨 정리를 따를 때, A국의 자유무역이 장기적으로 A국의 소득분배에 미치는 영향은?

① 자본과 노동의 실질보수가 모두 상승한다.
② 자본과 노동의 실질보수가 모두 하락한다.
③ 자본의 실질보수가 상승하고 노동의 실질보수가 하락한다.
④ 자본의 실질보수가 하락하고 노동의 실질보수가 상승한다.

출제이슈 스톨퍼 – 사무엘슨 정리
핵심해설 정답 ④

스톨퍼 – 사무엘슨 정리에 의하면, 한 재화의 가격 상승은 이 재화 생산에 집약적으로 사용되는 요소의 실질보수를 상승시키고 그렇지 않은 다른 요소의 실질보수를 하락시킨다.

요소가격균등화 정리가 무역이 국가 간 요소가격(예 : 국가 간 노동가격, 국가 간 자본가격)에 미치는 영향이라면, 스톨퍼 – 사무엘슨 정리는 무역이 풍부, 비풍부 요소가격에 미치는 영향이다(예 : 풍부요소인 노동가격, 희소요소인 자본가격).

설문에서 A국은 노동과 자본만을 사용하여 노동집약재와 자본집약재를 생산하며 자본에 비해 상대적으로 노동이 풍부한 나라이므로, 무역이 발생할 경우 헥셔 – 올린 정리에 의하여 노동풍부국 A국은 노동집약재를 수출하고 자본집약재를 수입한다.

무역으로 인하여 수출재인 노동집약재의 가격이 상승하여 노동집약재의 생산이 증가한다. 이로 인해 노동에 대한 수요가 증가하고 노동임금이 상승한다. 노동임금 상승에 따라서 생산은 자본집약적 방식으로 변화하고 이 과정에서 노동의 한계생산성은 상승하고 노동임금도 상승하게 된다. 결국 무역으로 인하여 노동의 실질보수는 상승한다.

무역으로 인하여 수입재인 자본집약재의 가격이 하락하여 자본집약재의 생산이 감소한다. 이로 인해 자본에 대한 수요가 감소하고 자본임대료가 하락한다. 자본임대료 하락에 따라서 생산은 자본집약적 방식으로 변화하고 이 과정에서 자본의 한계생산성은 하락하고 자본임대료도 하락하게 된다. 결국 무역으로 인하여 자본의 실질보수의 하락한다.

따라서 지문 ④가 옳은 설명이다. 자유무역으로 인하여 "희소한 요소"인 자본의 실질보수가 하락하고 "풍부한 요소"인 노동의 실질보수가 상승한다.

06 | 2016년 국가직 7급

숙련노동자가 비숙련노동자에 비해 풍부한 A국과 비숙련노동자가 숙련노동자에 비해 풍부한 B국이 있다. 폐쇄경제를 유지하던 두 나라가 무역을 개시하여 A국은 A국에 숙련노동집약적인 재화를 수출하고, B국으로부터 비숙련노동집약적인 재화를 수입한다고 가정하자. 헥셔 – 올린 모형의 예측에 따라 이러한 무역 형태가 A국과 B국의 노동시장에 미칠 영향에 대한 설명으로 옳은 것은? (단, 두 나라 모두 숙련노동자의 임금이 비숙련노동자의 임금에 비해 높다)

① A국의 숙련노동자와 비숙련노동자의 임금격차가 확대될 것이다.
② B국의 숙련노동자와 비숙련노동자의 임금격차가 확대될 것이다.
③ A국 비숙련노동자의 교육 투자를 통한 숙련노동자로의 전환 인센티브가 감소한다.
④ B국 비숙련노동자의 교육 투자를 통한 숙련노동자로의 전환 인센티브가 증가한다.

출제이슈 스톨퍼 – 사무엘슨 정리
핵심해설 정답 ①

스톨퍼 – 사무엘슨 정리에 의하면, 한 재화의 가격 상승은 이 재화 생산에 집약적으로 사용되는 요소의 실질보수를 상승시키고 그렇지 않은 다른 요소의 실질보수를 하락시킨다.

요소가격균등화 정리가 무역이 국가 간 요소가격(예 : 국가 간 노동가격, 국가 간 자본가격)에 미치는 영향이라면, 스톨퍼– 사무엘슨 정리는 무역이 풍부, 비풍부 요소가격에 미치는 영향이다(예 : 풍부요소인 노동가격, 희소요소인 자본가격).

설문에서 숙련노동자가 비숙련노동자에 비해 풍부한 A국과 비숙련노동자가 숙련노동자에 비해 풍부한 B국이 있다. 폐쇄경제를 유지하던 두 나라가 무역을 개시하여 A국은 A국에 숙련노동집약적인 재화를 수출하고, B국으로부터 비숙련노동집약적인 재화를 수입한다.

A국의 경우, 무역으로 인하여 수출재인 숙련노동집약재의 가격이 상승하여 숙련노동집약재의 생산이 증가한다. 이로 인해 숙련노동에 대한 수요가 증가하고 숙련노동임금이 상승한다. 숙련노동임금 상승에 따라서 생산은 비숙련노동집약적 방식으로 변화하고 이 과정에서 숙련노동의 한계생산성은 상승하고 숙련노동임금도 상승하게 된다. 결국 무역으로 인하여 숙련노동의 실질보수는 상승한다. 반대로 비숙련노동의 실질보수는 감소한다. 결국 무역으로 인하여 숙련노동과 비숙련노동의 실질보수 격차는 커진다.

반대로 B국의 경우, 무역으로 인하여 수출재인 비숙련노동집약재의 가격이 상승하여 비숙련노동집약재의 생산이 증가한다. 이로 인해 비숙련노동에 대한 수요가 증가하고 비숙련노동임금이 상승한다. 비숙련노동임금 상승에 따라서 생산은 숙련노동집약적 방식으로 변화하고 이 과정에서 비숙련노동의 한계생산성은 상승하고 비숙련노동임금도 상승하게 된다. 결국 무역으로 인하여 비숙련노동의 실질보수는 상승한다. 반대로 숙련노동의 실질보수는 감소한다. 결국 무역으로 인하여 숙련노동과 비숙련노동의 실질보수 격차는 작아진다.

설문을 검토하면 다음과 같다.

① 옳은 내용이다.
A국의 숙련노동자와 비숙련노동자의 임금격차가 확대될 것이다.

② 틀린 지문이다.
B국의 숙련노동자와 비숙련노동자의 임금격차가 감소될 것이다.

③ 틀린 내용이다.
A국은 무역으로 인하여 숙련노동의 실질보수는 상승한다. 반대로 비숙련노동의 실질보수는 감소한다. 따라서 A국 비숙련노동자는 더 높은 보수를 얻기 위해서 교육 투자를 통한 숙련노동자로의 전환 인센티브가 증가한다.

④ 틀린 내용이다.
B국은 무역으로 인하여 비숙련노동의 실질보수는 상승한다. 반대로 숙련노동의 실질보수는 감소한다. 따라서 B국 비숙련노동자의 교육 투자를 통한 숙련노동자로의 전환 인센티브가 감소한다.

산업 내 무역이론

1 규모의 경제와 국제무역

1) 의의

규모의 경제하 무역이론은 제품이 다양화, 차별화되어 있는 상황에서 규모의 경제를 가정할 경우, 국가 간에 노동생산성과 요소부존도에 차이가 없더라도 무역이 발생함을 보여준다.

2) 제품차별화

① 현실을 보면, 같은 산업 내의 여러 기업에서 생산되는 제품들이 차별화된 경우가 많다.

② 같은 종류의 제품이지만, 서로 차이가 있는 경우를 제품차별화라고 한다.

③ 예 : 다양한 브랜드의 양복, 신발 등

④ 이러한 제품차별화는 사람들이 다양성을 선호하기 때문에 발생하게 된다.

⑤ 제품차별화로 인해서 각 기업들은 자기 제품에 대해 어느 정도 독점력을 갖게 된다.

⑥ 그러나 제품차별화는 한계가 있다. 단일제품만 생산되면 규모의 경제 효과에 따라서 가격이 낮아지지만, 여러 제품을 생산하면 규모의 경제효과를 누릴 수 없어서 가격이 상승한다.

3) 규모의 경제

① 국가 간 특정제품에만 특화하여 교역하는 경우

규모의 경제 효과에 의해서 가격경쟁력을 갖게 되고 교역이 가능하다.

② 국가 간 다양한 제품들을 서로 생산하여 교역하는 경우

규모의 경제 효과는 얻을 수 없으나 제품차별화에 따른 다양성 이득은 얻으며 교역 가능하다.

③ 국가 간 적절한 수의 다양한 제품에 특화하여 교역하는 경우

규모의 경제 효과와 제품차별화의 이득을 동시에 얻을 수 있다. 국가 간에 기술체계 및 선호체계가 동일하더라도 무역이 발생할 수 있다.

2 불완전경쟁과 국제무역

1) 의의

제품차별화가 규모의 경제가 존재하는 독점적 경쟁시장에서 무역으로 인하여 시장규모가 확대되는 경우 규모의 경제가 작동하여 가격은 하락하고, 시장확대로 진입기업이 늘어나게 되어 더욱 제품의 다양성을 높여서 소비자 후생을 증진시킨다.

2) 규모의 경제 효과

독점적 경쟁시장에서 장기에 기업의 진입과 탈퇴가 자유롭다고 하자.

① 시장의 크기가 주어진 경우 진입하는 기업이 많아질 경우 개별기업의 생산량은 감소한다.

② 생산량의 감소로 인하여 규모의 경제 효과를 누릴 수 없게 된다.

③ 따라서 생산비가 상승하게 되어 높은 가격 책정이 불가피하다.

④ 진입기업이 많아지면 가격이 상승한다.

3) 독점적 경쟁 효과

독점적 경쟁시장에서 장기에 기업의 진입과 탈퇴가 자유롭다고 하자.

① 시장의 크기가 주어진 경우 진입하는 기업이 많아질 경우 경쟁이 극심하여 낮은 가격 책정이 불가피하다.

② 진입기업이 많아지면 가격이 하락한다.

4) 무역의 발생 및 효과

① 제품차별화에 따른 다양성의 이득하에서 규모의 경제 효과에 의하여 무역이 발생 가능하다.

② 무역의 발생은 시장규모의 확대를 가져온다.

③ 시장규모가 확대되면, 진입기업의 수가 많아지고, 그에 따라 가격은 하락한다.

④ 즉, 진입기업의 수가 많아지더라도 이는 무역에 따른 시장규모의 확대로 커버되고, 그로 인해 규모의 경제 효과가 작동하고, 낮은 가격 책정이 가능해지는 것이다.

⑤ 결국 무역은 규모의 경제 실현을 가능케 하고 제품의 다양성을 높여 소비자후생을 높인다.

01 | 2015년 지방직 7급

다음 중 산업 내 무역(intra-industry trade)이론과 관련된 내용만을 모두 고른 것은?

> ㄱ. 규모의 경제
> ㄴ. 불완전 경쟁
> ㄷ. 레온티에프 역설
> ㄹ. 생산요소집약도

① ㄱ, ㄴ　　　　　　　② ㄱ, ㄹ
③ ㄴ, ㄷ　　　　　　　④ ㄷ, ㄹ

출제이슈 산업 내 무역이론
핵심해설 정답 ①

비교우위론은 국가 간에 노동생산성, 요소부존도의 차이가 있다면 무역은 발생한다. 그러한 무역은 서로 다른 제품들 간의 교역이 이루어지는 것으로서 산업 간 무역이며, 이는 선진국과 후진국의 무역이 좋은 예이다. 그러나 현대의 무역은 선진국 – 후진국 간 무역보다는 선진국 – 선진국 간 무역량이 더 많다. 즉, 이는 서로 다른 제품들보다는 서로 유사한 제품들이지만, 조금씩 차별화가 되어 있는 경우에 일어난다.

규모의 경제 하에서 제품이 다양화, 차별화되어 있는 상황의 경우 국가 간에 노동생산성과 요소부존도에 차이가 없더라도 무역이 발생하는데 이를 분석하면 다음과 같다.

국가 간 특정 제품에만 특화하여 교역하는 경우 규모의 경제 효과에 의해서 가격경쟁력을 갖게 되고 교역이 가능하다. 그러나 다양성에 대한 충족은 불가능하게 된다. 반대로 국가 간 다양한 제품들을 서로 생산하여 교역하는 경우 규모의 경제 효과는 얻을 수 없으나 제품차별화에 따른 다양성 이득은 얻으며 교역 가능하다. 만일 국가 간 적절한 수의 다양한 제품에 특화하여 교역하는 경우 규모의 경제 효과와 제품차별화의 이득을 동시에 얻을 수 있다. 이는 국가 간에 기술체계 및 선호체계가 동일하더라도 무역이 발생할 수 있음을 보여주는 것이다.

특히 제품차별화가 규모의 경제가 존재하는 독점적 경쟁시장에서 무역으로 인하여 시장규모가 확대되는 경우 규모의 경제가 작동하여 가격은 하락하고, 시장확대로 진입기업이 늘어나게 되어 더욱 제품의 다양성을 높여서 소비자 후생을 증진시킨다.

02 2014년 국가직 7급

산업 내 무역에 관한 설명으로 옳은 것은?

① 산업 내 무역은 규모의 경제와 관계없이 발생한다.
② 산업 내 무역은 부존자원의 상대적인 차이 때문에 발생한다.
③ 산업 내 무역은 경제여건이 다른 국가 사이에서 이루어진다.
④ 산업 내 무역은 유럽연합 국가들 사이의 활발한 무역을 설명할 수 있다.

출제이슈 산업 내 무역이론
핵심해설 정답 ④

비교우위론은 국가 간에 노동생산성, 요소부존도의 차이가 있다면 무역은 발생한다. 그러한 무역은 서로 다른 제품들 간의 교역이 이루어지는 것으로서 산업 간 무역이며, 이는 선진국과 후진국의 무역이 좋은 예이다. 그러나 현대의 무역은 선진국 - 후진국 간 무역보다는 선진국 - 선진국 간 무역량이 더 많다. 즉, 이는 서로 다른 제품들보다는 서로 유사한 제품들이지만, 조금씩 차별화가 되어 있는 경우에 일어난다.

규모의 경제 하에서 제품이 다양화, 차별화되어 있는 상황의 경우 국가 간에 노동생산성과 요소부존도에 차이가 없더라도 무역이 발생하는데 이를 분석하면 다음과 같다.

국가 간 특정 제품에만 특화하여 교역하는 경우 규모의 경제 효과에 의해서 가격경쟁력을 갖게 되고 교역이 가능하다. 그러나 다양성에 대한 충족은 불가능하게 된다. 반대로 국가 간 다양한 제품들을 서로 생산하여 교역하는 경우 규모의 경제 효과는 얻을 수 없으나 제품차별화에 따른 다양성 이득은 얻으며 교역 가능하다. 만일 국가 간 적절한 수의 다양한 제품에 특화하여 교역하는 경우 규모의 경제 효과와 제품차별화의 이득을 동시에 얻을 수 있다. 이는 국가 간에 기술체계 및 선호체계가 동일하더라도 무역이 발생할 수 있음을 보여주는 것이다.

위의 내용에 따라서 설문을 검토하면 다음과 같다.

① 틀린 내용이다.
산업 내 무역은 규모의 경제 하에서 제품이 다양화, 차별화되어 있는 상황의 경우 국가 간에 노동생산성과 요소부존도에 차이가 없더라도 무역이 발생할 수 있음을 보여준다.

② 틀린 내용이다.
헥셔 - 올린 이론에 의하면, 노동풍부국에 노동집약재에 비교우위가 있어서 노동집약재를 특화하여 수출하고, 반대로 자본풍부국은 자본집약재에 비교우위가 있어서 자본집약재를 특화하여 수출한다. 따라서 산업 간 무역은 부존자원의 상대적인 차이 때문에 발생한다.

③ 틀린 내용이다.
규모의 경제 하에서 제품이 다양화, 차별화되어 있는 상황의 경우 국가 간에 노동생산성과 요소부존도에 차이가 없더라도 무역이 발생하는데 이는 국가 간에 기술체계 및 선호체계가 동일하더라도 산업 내 무역이 발생할 수 있음을 보여주는 것이다. 국가 간에 기술체계 및 선호체계가 동일하고 제품차별화에 대한 요구는 경제여건이 비슷한 국가 사이에서 활발하게 이루어지게 된다.

④ 옳은 내용이다.
위의 내용에 따라서 산업 내 무역은 경제여건이 비슷한 국가에서 발생하며 유럽연합 국가들 사이의 활발한 무역을 설명할 수 있다.

2018 국7 | 2018 지7 | 2017 국9 | 2016 지7 | 2016 국9 | 2014 국7 | 2014 서7 | 2014 국9 | 2012 국7

1 관세

1) 관세의 효과

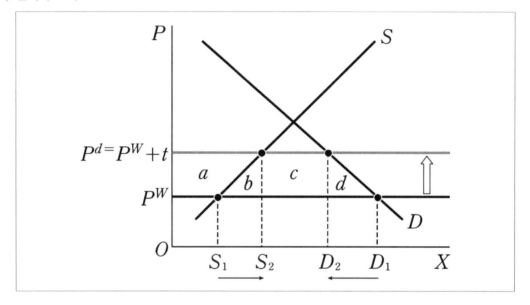

① 관세부과 이전의 상황

  ⅰ) 국제시장가격: P^W

  ⅱ) 국내시장가격: P^W

  ⅲ) 국내생산량: S_1, 국내소비량: D_1

  ⅳ) 해외수입량: $D_1 - S_1$

② 관세부과 이후의 상황

  ⅰ) 국제시장가격: P^W

  ⅱ) 국내시장가격: $P^W + t$

  ⅲ) 국내생산량: S_2, 국내소비량: D_2

  ⅳ) 해외수입량: $D_2 - S_2$

③ 관세부과 전후의 비교

   ⅰ) 국제시장가격: P^W 동일

   ⅱ) 국내시장가격: P^W에서 $P^W + t$로 상승

   ⅲ) 국내생산량: S_1에서 S_2로 증가, 국내소비량: D_1에서 D_2로 감소

   ⅳ) 해외수입량: $D_1 - S_1$에서 $D_2 - S_2$로 감소

   ⅴ) 소비자잉여 변화 ΔCS: $a + b + c + d$ 만큼 감소

   ⅵ) 생산자잉여 변화 ΔPS: a 만큼 증가

   ⅶ) 정부관세수입 변화 ΔT: c 만큼 증가

   ⅷ) 사회총잉여 변화 $\Delta CS + \Delta PS + \Delta T$: $-(a + b + c + d) + a + c = -(b + d)$

   ⅸ) 관세부과의 자중손실: $-(b + d)$

   ⅹ) 생산왜곡손실 $-b$: 자원을 비효율적인 수입대체재 부문에 배분, 생산하여 발생한 손실

   ⅺ) 소비왜곡손실 $-d$: 높은 가격으로 수입재를 소비하기 때문에 발생한 손실

2) 메츨러의 역설

① 대국에서 관세를 부과하면, 수입재의 국제시장가격은 하락한다. 만일 관세부과 후에 수입재의 국제시장가격이 매우 큰 폭으로 하락하는 경우 관세부과 후 국내가격(크게 하락한 국제가격에 관세를 더한 값)이 관세부과 전보다 하락할 수 있다.

② 수입재에 관세를 부과하더라도 수입재의 국내가격이 오히려 하락하여서 관세를 통하여 국내 수입대체재 부문을 보호할 수 없게 된다. 이를 메츨러의 역설이라고 한다.

② 실효보호관세

1) 명목보호율

① 명목보호율은 관세에 의하여 관세부과 후 국내가격이 관세부과 전 국제가격(국내가격)보다 얼마나 상승하는지를 나타낸다.

② 명목보호율 $= \dfrac{\text{관세부과 후 국내가격} - \text{관세부과 전 국제가격(국내가격)}}{\text{관세부과 전 국제가격(국내가격)}}$

2) 실효보호율

① 실효보호율은 관세에 의하여 관세부과 후 부가가치가 관세부과 전 부가가치보다 얼마나 상승하는지를 나타낸다.

② 실효보호율 $= \dfrac{\text{관세부과 후 부가가치} - \text{관세부과 전 부가가치}}{\text{관세부과 전 부가가치}}$

3) 경사관세

① 최종재에 대하여 높은 관세를 부과할수록 관세부과 후 가격이 크게 상승한다.

② 원자재에 대하여 무관세 또는 낮은 관세를 부과할수록 관세부과 후 가격이 작게 상승한다.

③ 최종재에 높은 관세를, 중간재에 무관세 혹은 낮은 관세를 부과할수록 부가가치가 커서 실효 보호율이 커지며, 이러한 관세부과를 경사관세라고 한다.

3 반덤핑관세

약탈적인 덤핑의 경우 불공정한 무역수단이므로 이를 방지하기 위한 구제수단이 필요하다. 특히 덤 핑관세는 약탈적 덤핑수출에 부과되어 무역구제(trade remedies)의 목적으로 시행된다.

ISSUE 문제 📝

01 2014년 서울시 7급

소규모 개방경제에서 국내 생산자들을 보호하기 위해 Y재의 수입에 대하여 관세를 부과할 때 다음 중 옳은 것을 모두 고르면? (Y재에 대한 국내 수요곡선은 우하향하고 국내공급곡선은 우상향한다)

┌───┐
⊙ Y재의 국내생산이 감소한다.
ⓒ 국내 소비자잉여가 감소한다.
ⓒ 국내 생산자잉여가 증가한다.
ⓔ Y재에 대한 수요와 공급의 가격탄력성이 낮을수록 관세부과로 인한 경제적 손실(deadweight loss)이 커진다.
└───┘

① ⊙, ⓔ   ② ⓒ, ⓒ
③ ⓒ, ⓒ, ⓔ   ④ ⊙, ⓒ, ⓒ
⑤ ⊙, ⓒ, ⓔ

출제이슈 관세의 효과
핵심해설 정답 ②

관세의 효과는 다음과 같다.

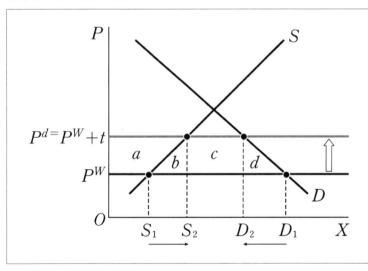

① 국제시장가격: P^W 동일
② 국내시장가격: P^W 에서 $P^W + t$ 로 상승
③ 국내생산량: S_1 에서 S_2 로 증가
④ 국내소비량: D_1 에서 D_2 로 감소
⑤ 소비자잉여 변화 ΔCS: $a+b+c+d$ 만큼 감소
⑥ 생산자잉여 변화 ΔPS: a 만큼 증가
⑦ 자중손실: $-(b+d)$

위의 내용에 따라서 설문을 검토하면 다음과 같다.

㉠ 틀린 내용이다.
관세로 인하여 국내시장가격이 상승하므로 Y재의 국내생산은 증가한다.

㉡ 옳은 내용이다.
관세로 인하여 국내시장가격이 상승하고 국내소비량이 감소하므로 국내 소비자잉여가 감소한다.

㉢ 옳은 내용이다.
관세로 인하여 국내시장가격이 상승하고 국내생산량이 증가하므로 국내 생산자잉여가 증가한다.

㉣ 틀린 내용이다.
Y재에 대한 수요와 공급의 가격탄력성이 높을수록 관세부과로 인하여 소비량과 생산량의 변동이 크고 수입감소가 크기 때문에 관세부과로 인한 경제적 손실(deadweight loss)이 커진다.

02 | 2014년 국가직 9급

그림과 같이 소국 개방경제(small open economy)가 국제가격(P_1)에서 자유무역을 하고 있다. 수입 재화에 관세($P_2 - P_1$)를 부과하면, 수입량은 얼마나 감소하는가?

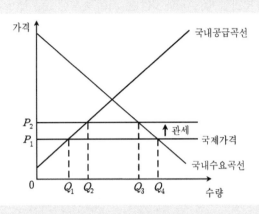

① $Q_2 - Q_1$ ② $Q_3 - Q_2$

③ $Q_4 - Q_3$ ④ $Q_4 - Q_3 + Q_2 - Q_1$

출제이슈 관세의 효과
핵심해설 정답 ④

관세의 효과는 다음과 같다.

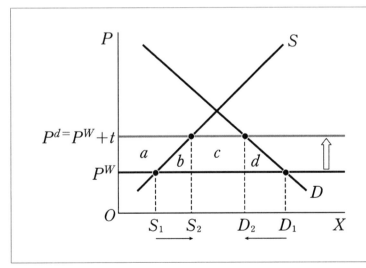

① 국제시장가격: P^W 동일
② 국내시장가격: P^W에서 $P^W + t$로 상승
③ 국내생산량: S_1에서 S_2로 증가
④ 국내소비량: D_1에서 D_2로 감소
⑤ 소비자잉여 변화 ΔCS: $a+b+c+d$ 만큼 감소
⑥ 생산자잉여 변화 ΔPS: a 만큼 증가
⑦ 자중손실: $-(b+d)$

따라서 수입량은 관세부과 이전 $Q_4 - Q_1$에서 관세부과 이후 $Q_3 - Q_2$으로 $Q_4 - Q_3 + Q_2 - Q_1$만큼 감소한다.

03 2014년 국가직 7급

개방경제체제 하에 있는 소국 A는 세계시장에서 의류 한 벌을 10달러에 수입할 수 있다고 한다. A국 내 의류의 공급곡선(S)은 $S = 50 + 5P$ 이고, 수요곡선(D)은 $D = 450 - 15P$ 이다. 의류 한 벌당 5달러의 관세를 부과할 때, A국에 미치는 사회적 후생 순손실(deadweight loss)은? (단, P 는 가격이다)

① 125달러　　　　　　② 250달러
③ 350달러　　　　　　④ 375달러

출제이슈　관세의 자중손실
핵심해설　정답 ②

설문에 주어진 정보를 이용하여 현재 관세가 부과된 상황을 묘사하면 다음과 같다.

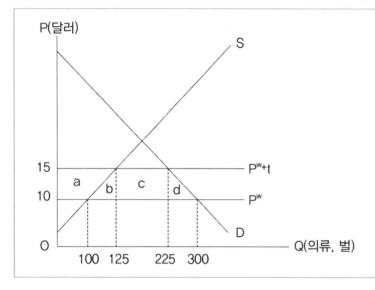

① 국제시장가격: 10, 관세 전과 동일
② 국내시장가격: 10에서 15로 상승
③ 국내생산량: 100에서 125로 증가
④ 국내소비량: 300에서 225로 감소
⑤ 소비자잉여 변화 ΔCS : $a + b + c + d$ 만큼 감소
⑥ 생산자잉여 변화 ΔPS : a 만큼 증가
⑦ 자중손실: $-(b + d)$

자중손실을 구하면 다음과 같다.

$b = \dfrac{25 \times 5}{2}$, $d = \dfrac{75 \times 5}{2}$ 이므로 자중손실 $(b + d) = 250$(달러)가 된다.

04 2018년 국가직 7급

A국에서 어느 재화의 국내 수요곡선과 국내 공급곡선은 다음과 같다.

국내 수요곡선 : $Q_d = 16 - P$

국내 공급곡선 : $Q_s = -6 + P$

A국이 자유무역을 허용하여 이 재화가 세계시장 가격 $P_w = 6$으로 거래되고 있다고 하자. 이때, 단위당 2의 수입관세를 부과할 경우의 국내시장 변화에 대한 설명으로 옳지 않은 것은? (단, P는 이 재화의 가격이며, A국의 수입관세 부과는 세계시장 가격에 영향을 미치지 못한다)

① 소비자잉여는 18만큼 감소한다. ② 생산자잉여는 2만큼 증가한다.

③ 수요량은 4만큼 감소한다. ④ 사회후생은 4만큼 감소한다.

출제이슈 관세부과의 효과
핵심해설 정답 ③

설문에 주어진 정보를 이용하여 현재 관세가 부과된 상황을 묘사하면 다음과 같다.

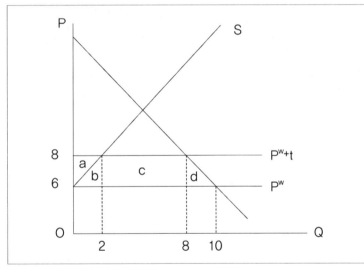

① 국제시장가격: 6, 관세 전과 동일
② 국내시장가격: 6에서 8로 상승
③ 국내생산량: 0에서 2로 증가
④ 국내소비량: 10에서 8로 2만큼 감소(지문 ③)
⑤ 소비자잉여 변화 ΔCS: $a+b+c+d$만큼 감소
⑥ 생산자잉여 변화 ΔPS: a만큼 증가
⑦ 자중손실: $-(b+d)$

소비자잉여 변화 ΔCS : $a+b+c+d = \dfrac{18 \times 2}{2} = 18$만큼 소비자잉여는 감소한다.

생산자잉여 변화 ΔPS : $a = \dfrac{2 \times 2}{2} = 2$만큼 증가한다.

자중손실 : $(b+d) = \dfrac{2 \times 2}{2} + \dfrac{2 \times 2}{2} = 4$만큼 사회후생은 감소한다.

05 2016년 국가직 9급

㉠ ~ ㉢에 들어갈 내용을 바르게 나열한 것은?

> 국제가격으로 수입하던 재화에 대해 정부가 수입관세를 부과하는 경우, 생산자잉여는 (㉠)
> 하고, 소비자잉여는 (㉡)하며, 총 잉여는 (㉢)한다(이다).

	㉠	㉡	㉢
①	감소	감소	감소
②	증가	감소	불변
③	감소	증가	불변
④	증가	감소	감소

출제이슈 관세의 효과
핵심해설 정답 ④

관세의 효과는 다음과 같다.

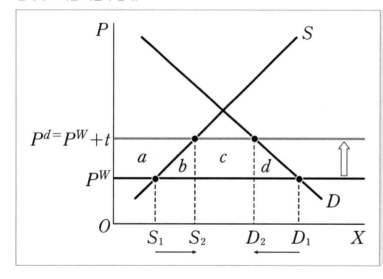

① 국제시장가격: P^W 동일
② 국내시장가격: P^W에서 $P^W + t$로 상승
③ 국내생산량: S_1에서 S_2로 증가
④ 국내소비량: D_1에서 D_2로 감소
⑤ 소비자잉여 변화 ΔCS: $a+b+c+d$만큼 감소
⑥ 생산자잉여 변화 ΔPS: a만큼 증가
⑦ 자중손실: $-(b+d)$

위의 내용에 따라서 설문을 검토하면 다음과 같다.

국제가격으로 수입하던 재화에 대해 정부가 수입관세를 부과하는 경우, 생산자잉여는 "증가"하고, 소비자잉여는 "감소"하며, 총잉여는 "감소"한다. 총잉여의 감소를 관세부과로 인한 자중손실이라고 하며 이는 생산 측면의 왜곡손실과 소비 측면의 왜곡손실을 반영하고 있다.

06 2017년 국가직 9급

관세부과에 따른 경제적 효과에 해당하지 않는 것은?

① 국내생산 증가 효과
② 재정수입 증가 효과
③ 사회후생 증가 효과
④ 국제수지 개선 효과

출제이슈 관세의 효과
핵심해설 정답 ③

관세의 효과는 다음과 같다.

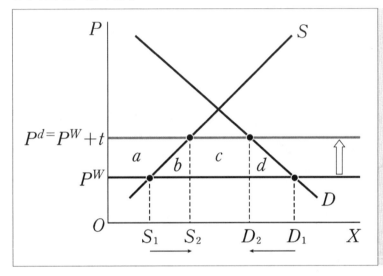

① 국제시장가격: P^W 동일
② 국내시장가격: P^W에서 $P^W + t$로 상승
③ 국내생산량: S_1에서 S_2로 증가
④ 국내소비량: D_1에서 D_2로 감소
⑤ 소비자잉여 변화 ΔCS: $a+b+c+d$만큼 감소
⑥ 생산자잉여 변화 ΔPS: a만큼 증가
⑦ 자중손실: $-(b+d)$

위의 내용에 따라서 설문을 검토하면 다음과 같다.

① 옳은 내용이다.
관세부과로 국내생산은 관세부과 전에 비하여 증가한다.

② 옳은 내용이다.
관세부과로 정부는 관세수입을 얻을 수 있게 되므로 재정수입의 증가 효과가 있다.

③ 틀린 내용이다.
정부가 수입관세를 부과하는 경우, 생산자잉여는 "증가"하고, 소비자잉여는 "감소"하며, 사회총잉여는 "감소"한다. 사회총잉여의 감소를 관세부과로 인한 자중손실이라고 하며 이는 생산 측면의 왜곡손실과 소비 측면의 왜곡손실을 반영하고 있다.

④ 옳은 내용이다.
관세부과로 인하여 수입량이 감소하므로 국제수지 개선이 가능하다.

07 2018년 지방직 7급

자유무역을 하는 소규모 경제의 A국이 X재 수입품에 관세를 부과했다. 관세부과 이후의 균형에 대한 설명으로 옳은 것만을 모두 고르면? (단, 관세부과 이후에도 수입은 계속된다. 또한 A국의 X재에 대한 수요곡선과 공급곡선에는 각각 수요의 법칙과 공급의 법칙이 적용된다)

> ㄱ. A국의 생산량은 증가하고, 정부의 관세수입이 발생한다.
> ㄴ. A국의 생산자잉여는 감소하고, 소비자잉여는 증가한다.
> ㄷ. A국에서 경제적 순손실(deadweight loss)이 발생한다.

① ㄱ, ㄴ   ② ㄱ, ㄷ
③ ㄴ, ㄷ   ④ ㄱ, ㄴ, ㄷ

출제이슈 관세의 효과
핵심해설 정답 ②

관세의 효과는 다음과 같다.

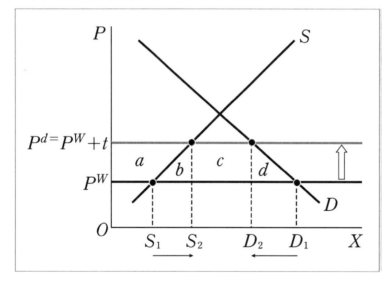

① 국제시장가격: P^W 동일
② 국내시장가격: P^W에서 $P^W + t$로 상승
③ 국내생산량: S_1에서 S_2로 증가
④ 국내소비량: D_1에서 D_2로 감소
⑤ 소비자잉여 변화 ΔCS: $a + b + c + d$ 만큼 감소
⑥ 생산자잉여 변화 ΔPS: a 만큼 증가
⑦ 자중손실: $-(b+d)$

위의 내용에 따라서 설문을 검토하면 다음과 같다.

ㄱ. 옳은 내용이다.
관세부과로 인하여 수입재의 국내가격이 상승하므로 A국의 생산량은 증가한다. 또한 관세부과로 인하여 수입량에 비례하여 정부의 관세수입이 발생한다.

ㄴ. 틀린 내용이다.

관세부과로 인하여 수입재의 국내가격이 상승하고 A국의 생산량이 증가하기 때문에 A국의 생산자잉여는 증가한다. 그러나 수입재의 국내가격 상승과 이에 따른 소비량 감소로 인하여 소비자잉여는 감소한다.

ㄷ. 옳은 내용이다.

수입관세를 부과하는 경우, 생산자잉여는 "증가"하고, 소비자잉여는 "감소"하며, 사회총잉여는 "감소"한다. 사회총잉여의 감소를 관세부과로 인한 자중손실 혹은 경제적 순손실이라고 하며 이는 생산 측면의 왜곡손실과 소비 측면의 왜곡손실을 반영하고 있다.

08 │ 2012년 국가직 7급 │

어느 소국개방경제(small open economy)가 특정재화의 수입에 대해 단위당 일정액의 관세를 부과
하였을 때 그 효과에 대한 분석으로 옳지 않은 것은? (단, 이 재화의 국내 수요곡선은 우하향하고
국내 공급곡선은 우상향한다)

① 국내시장가격은 국제가격보다 관세액과 동일한 금액만큼 상승한다.
② 사회적 순후생손실(net welfare loss)은 국내 소비량의 감소나 생산량의 증가와 무관하다.
③ 생산자잉여는 증가하고 소비자잉여는 감소한다.
④ 총잉여는 관세부과 이전보다 감소한다.

출제이슈 관세의 효과
핵심해설 정답 ②

관세의 효과는 다음과 같다.

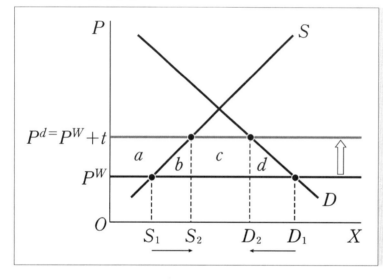

① 국제시장가격: P^W 동일
② 국내시장가격: P^W 에서
$P^W + t$ 로 상승
③ 국내생산량: S_1 에서
S_2 로 증가
④ 국내소비량: D_1 에서
D_2 로 감소
⑤ 소비자잉여 변화 ΔCS:
$a + b + c + d$ 만큼 감소
⑥ 생산자잉여 변화 ΔPS:
a 만큼 증가
⑦ 자중손실: $-(b + d)$

위의 내용에 따라서 설문을 검토하면 다음과 같다.

① 옳은 내용이다.
국내시장가격은 관세액과 동일한 금액만큼 상승하여 국제가격보다 높아진다.

② 틀린 내용이다.
사회적 순후생손실(net welfare loss)은 관세부과로 인한 국내 소비량의 감소나 생산량의 증가에 의한 소비자잉여 및 생산자
잉여의 변화에 영향을 받는다.

③ 옳은 내용이다.

관세부과로 인하여 수입재의 국내가격이 상승하고 국내생산이 증가하므로 생산자잉여는 증가하지만, 반대로 소비자잉여는 감소한다.

④ 옳은 내용이다.

수입관세를 부과하는 경우, 생산자잉여는 "증가"하고, 소비자잉여는 "감소"하며, 사회총잉여는 "감소"한다. 사회총잉여의 감소를 관세부과로 인한 자중손실 혹은 경제적 순손실이라고 하며 이는 생산 측면의 왜곡손실과 소비 측면의 왜곡손실을 반영하고 있다.

09 2016년 지방직 7급

자유무역 시 A국의 국내 생산자는 80달러의 수입 원모를 투입하여 생산한 옷을 국내시장에서 한 벌 당 100달러에 판매하고 있다. 만약 A국이 수입 옷 한 벌 당 10%의 명목관세를 부과하는 정책으로 전환한다면, A국의 국내시장 옷 가격은 100달러에서 110달러로 상승하여 A국의 국내 생산자의 옷 한 벌 당 부가가치는 20달러에서 30달러로 증가한다. 이때 A국 국내 생산자의 부가가치 변화율로 바라본 실효보호관세율(effective rate of protection)은?

① 40% ② 50%
③ 60% ④ 70%

출제이슈 실효보호율
핵심해설 정답 ②

실효보호율이란 국내의 수입대체산업이 관세에 의하여 얼마나 보호되는지의 정도를 측정하는 지표로서, 관세에 의하여 관세부과 후 부가가치가 관세부과 전 부가가치보다 얼마나 상승하는지를 나타낸다. 실효보호율의 산식은 다음과 같다.

$$실효보호율 = \frac{관세부과\ 후\ 부가가치 - 관세부과\ 전\ 부가가치}{관세부과\ 전\ 부가가치}$$

설문에 주어진 자료를 위의 식에 대입하여 실효보호율을 구하면 다음과 같다.

1) 관세부과 전의 부가가치
관세부과 전 최종재 "옷"의 가격 100달러에서 관세부과 전 중간재비용 "수입원모"의 가격 80달러를 차감하여 구할 수 있다. 따라서 관세부과 전의 부가가치는 20달러가 된다.

2) 관세부과 후의 부가가치
관세부과로 인하여 최종재 "옷"의 가격은 110달러로 상승하였고 중간재비용 "수입원모"의 가격은 80달러로 불변이다. 따라서 관세부과 후의 부가가치는 110달러에서 80달러를 차감한 30달러가 된다.

3) 실효보호율

$$실효보호율 = \frac{관세부과\ 후\ 부가가치 - 관세부과\ 전\ 부가가치}{관세부과\ 전\ 부가가치} = \frac{30 - 20}{20} = 50(\%)$$

2018 국0 · 2016 국7 · 2014 지7 · 2013 국7

1 수입쿼터

1) 수입쿼터의 효과

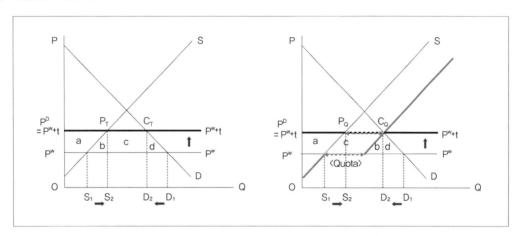

① 수량 할당 이전의 상황

ⅰ) 국제시장가격: P^W

ⅱ) 국내시장가격: P^W

ⅲ) 국내생산량: S_1, 국내소비량: D_1

ⅳ) 해외수입량: $D_1 - S_1$

② 수량 할당 이후의 상황

ⅰ) 국제시장가격: P^W

ⅱ) 국내시장가격: $P^W + t$

ⅲ) 국내생산량: S_2, 국내소비량: D_2

ⅳ) 해외수입량: $D_2 - S_2$

③ 수량 할당 전후의 비교

ⅰ) 국제시장가격: P^W 동일

ⅱ) 국내시장가격: P^W에서 $P^W + t$로 상승

ⅲ) 국내생산량: S_1에서 S_2로 증가, 국내소비량: D_1에서 D_2로 감소

ⅳ) 해외수입량: $D_1 - S_1$에서 $D_2 - S_2$로 감소

ⅴ) 소비자잉여 변화 ΔCS: $a + b + c + d$ 만큼 감소

ⅵ) 생산자잉여 변화 ΔPS: a 만큼 증가

ⅶ) 수입업자이득 변화 ΔR: c 만큼 증가

viii) 사회총잉여 변화 $\Delta CS + \Delta PS + \Delta R$: $-(a+b+c+d)+a+c = -(b+d)$

ix) 관세부과의 자중손실 : $-(b+d)$

x) 생산왜곡손실 $-b$: 자원을 비효율적인 수입대체재 부문에 배분, 생산하여 발생한 손실

xi) 소비왜곡손실 $-d$: 높은 가격으로 수입재를 소비하기 때문에 발생한 손실

2) 수입쿼터와 관세

① 관세는 수입가격에 대한 규제이지만, 수입쿼터는 수입물량에 대한 규제이다.

② 관세는 가격상승폭을 쉽게 알 수 있지만, 수입쿼터는 가격상승폭을 예측하기 어렵다.

③ 관세는 보호의 정도를 측정할 수 있지만, 수입쿼터는 보호의 정도를 측정하기 어렵다.

④ 관세는 수입규제효과가 불확실하지만, 수입쿼터는 수입량을 확실하게 제한한다.

⑤ 관세는 정부가 관세수입을 갖지만, 수입쿼터는 수입업자의 이득이 된다.

⑥ 수입재에 대한 수요가 증가할 경우

  ⅰ) 관세정책의 경우 국내가격이 일정하므로 수요증가분이 수입량이 늘어서 충당된다. 따라서 국내생산은 증가하지 않는다.

  ⅱ) 그러나 수입쿼터의 경우 수요가 증가하더라도 수입물량은 제한되어 있으므로 국내가격이 상승하게 된다. 따라서 국내생산이 증가한다.

2 수출보조금

1) 수출보조금의 효과

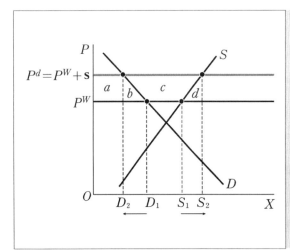

① 국제시장가격: P^W 동일

② 국내시장가격: P^W에서 $P^W + s$로 상승

③ 국내생산량: S_1에서 S_2로 증가

④ 국내소비량: D_1에서 D_2로 감소

⑤ 소비자잉여 변화 ΔCS: $a+b$만큼 감소

⑥ 생산자잉여 변화 ΔPS: $a+b+c$만큼 증가

⑦ 정부의 보조금 지출: $b+c+d$

⑧ 자중손실: $-(b+d)$

2) 대국의 수출보조금

① 대국에서 수출보조금이 지급될 경우, 수출보조금으로 인해서 수출공급량이 늘어나고 이로 인해 수출재의 가격이 하락하게 된다.

② 수출재가격의 하락으로 인하여 교역조건이 악화되어 사회순손실이 더욱 악화된다.

ISSUE 문제 📝

01 2018년 국가직 9급

A국은 무역규제의 일환으로 관세부과나 수입할당제를 고려하고 있다. 이에 대한 설명으로 옳지 않은 것은?

① 관세부과 시 A국 생산자들은 해당 상품을 더 높은 가격에 판매할 수 있다.

② 수입할당제는 가격에 대한 영향 없이 수입량을 줄일 수 있다.

③ 일부 관세는 무역구제(trade remedies)의 목적으로 시행된다.

④ 관세부과는 정부수입을 증가시키거나, 수입할당제는 수입허가서를 보유한 업체의 수입을 증가시킨다.

출제이슈 관세와 수입쿼터
핵심해설 정답 ②

수입쿼터의 효과는 다음과 같으며, 앞서 살펴본 관세의 효과와 매우 유사하다.

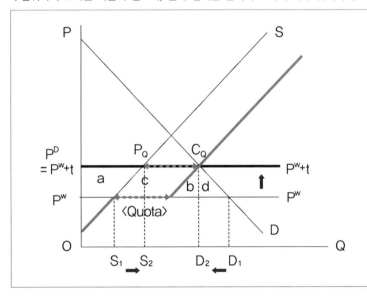

① 국제시장가격: P^W 동일
② 국내시장가격: P^W 에서 $P^W + t$ 로 상승
③ 국내생산량: S_1 에서 S_2 로 증가
④ 국내소비량: D_1 에서 D_2 로 감소
⑤ 해외수입량: $D_1 - S_1$ 에서 $D_2 - S_2$ 로 감소
⑥ 소비자잉여: $a + b + c + d$ 만큼 감소
⑦ 생산자잉여: a 만큼 증가
⑧ 수입업자이득: c 만큼 증가

수입쿼터와 관세의 차이점은 다음과 같다.

① 관세는 수입가격에 대한 규제이지만, 수입쿼터는 수입물량에 대한 규제이다.
② 관세는 가격상승폭을 쉽게 알 수 있지만, 수입쿼터는 가격상승폭을 예측하기 어렵다.
③ 관세는 보호의 정도를 측정할 수 있지만, 수입쿼터는 보호의 정도를 측정하기 어렵다.
④ 관세는 수입규제효과가 불확실하지만, 수입쿼터는 수입량을 확실하게 제한한다.
⑤ 관세는 정부가 관세수입을 갖지만, 수입쿼터는 수입업자의 이득이 된다.

⑥ 수입재에 대한 수요가 증가할 경우
　ⅰ) 관세정책의 경우 국내가격이 일정하므로 수요증가분이 수입량이 늘어서 충당된다. 따라서 국내생산은 증가하지 않는다.
　ⅱ) 그러나 수입쿼터의 경우 수요가 증가하더라도 수입물량은 제한되어 있으므로 국내가격이 상승하게 된다. 따라서 국내생산이 증가한다.

설문을 검토하면 다음과 같다.

① 옳은 내용이다.
관세는 국내가격을 상승시켜서 국내생산자의 생산을 증대시킨다.

② 틀린 내용이다.
수입쿼터와 관세 모두 국내가격을 상승시켜서 국내생산자의 생산을 증대시키는 대신 수입량을 감소시킨다.

③ 옳은 내용이다.
약탈적인 덤핑의 경우 불공정한 무역수단이므로 이를 방지하기 위한 구제수단이 필요하다. 특히 덤핑관세는 약탈적 덤핑수출에 부과되어 무역구제(trade remedies)의 목적으로 시행된다.

④ 옳은 내용이다.
수입쿼터에서 수입업자이득은 수입쿼터량에 수입재화 가격상승분을 곱한 값이다. 따라서 국내의 허가된 수입업자가 국제가격과 국내가격의 차액만큼 이익을 본다. 그러나 관세의 경우 수입업자이득에 해당하는 금액이 국가의 관세수입으로 귀속된다.

02 2014년 지방직 7급

국제시장 가격에 영향을 미치지 못하는 소국 A가 재화 B에 대해 무역정책을 고려하고 있다. 무역정책에는 수입가격의 일정비율을 관세로 부과하는 수입관세정책과 수입량을 제한하는 수입쿼터정책이 있다. 수입재 시장만을 고려한 부분균형분석에 기초해 볼 때 위 두 정책이 갖는 효과의 공통점은?

① 국내의 허가된 수입업자가 국제가격과 국내가격의 차액만큼 이익을 본다.
② 국내생산자의 잉여를 증가시킨다.
③ 정부의 관세 수입이 늘어난다.
④ 재화 B의 공급에서 국내생산이 차지하는 비중이 줄어든다.

출제이슈 관세와 수입쿼터
핵심해설 정답 ②

수입쿼터의 효과는 다음과 같으며, 앞서 살펴본 관세와 효과와 매우 유사하다.

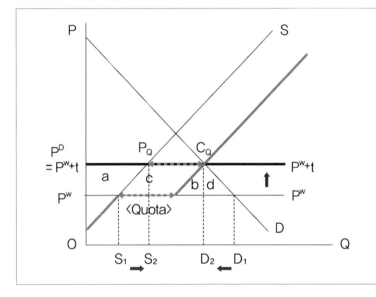

① 국제시장가격: P^W 동일
② 국내시장가격: P^W 에서 $P^W + t$ 로 상승
③ 국내생산량: S_1 에서 S_2 로 증가
④ 국내소비량: D_1 에서 D_2 로 감소
⑤ 해외수입량: $D_1 - S_1$ 에서 $D_2 - S_2$ 로 감소
⑥ 소비자잉여: $a + b + c + d$ 만큼 감소
⑦ 생산자잉여: a 만큼 증가
⑧ 수입업자이득: c 만큼 증가

수입쿼터와 관세의 차이점은 다음과 같다.

① 관세는 수입가격에 대한 규제이지만, 수입쿼터는 수입물량에 대한 규제이다.
② 관세는 가격상승폭을 쉽게 알 수 있지만, 수입쿼터는 가격상승폭을 예측하기 어렵다.
③ 관세는 보호의 정도를 측정할 수 있지만, 수입쿼터는 보호의 정도를 측정하기 어렵다.
④ 관세는 수입규제효과가 불확실하지만, 수입쿼터는 수입량을 확실하게 제한한다.
⑤ 관세는 정부가 관세수입을 갖지만, 수입쿼터는 수입업자의 이득이 된다.

⑥ 수입재에 대한 수요가 증가할 경우
   ⅰ) 관세정책의 경우 국내가격이 일정하므로 수요증가분이 수입량이 늘어서 충당된다. 따라서 국내생산은 증가하지 않는다.
   ⅱ) 그러나 수입쿼터의 경우 수요가 증가하더라도 수입물량은 제한되어 있으므로 국내가격이 상승하게 된다. 따라서 국내생산이 증가한다.

설문을 검토하면 다음과 같다.

① 틀린 내용이다.
수입업자이득은 c가 되며 이는 수입쿼터량에 수입재화 가격상승분을 곱한 값이다. 따라서 국내의 허가된 수입업자가 국제가격과 국내가격의 차액만큼 이익을 본다. 내용 자체는 옳지만, 이는 관세와 차이나는 점이지 공통점은 아니다. 관세의 경우 수입업자이득 c만큼이 국가의 관세수입으로 귀속된다.

② 옳은 내용이다.
수입쿼터와 관세 모두 국내가격을 상승시켜서 국내생산자의 생산을 증대시킨다. 따라서 이로 인해서 국내생산자의 잉여가 증가한다.

③ 틀린 내용이다.
관세의 경우 수입업자이득 c만큼이 국가의 관세수입으로 귀속된다. 내용 자체는 옳지만, 이는 수입쿼터와 차이나는 점이지 공통점은 아니다. 수입쿼터의 경우 관세액 c만큼이 수입업자의 이득으로 귀속된다.

④ 틀린 내용이다.
수입쿼터와 관세 모두 국내가격을 상승시켜서 국내생산자의 생산을 증대시킨다. 따라서 재화 B의 공급에서 국내생산이 차지하는 비중이 늘어난다.

03 [2016년 국가직 7급]

어느 나라가 kg당 10달러에 땅콩을 수입하며, 세계 가격에는 영향을 미칠 수 없다고 가정한다. 이 나라의 땅콩에 대한 수요곡선과 공급곡선은 각각 $Q_d = 4,000 - 100P$ 및 $Q_s = 500 + 50P$로 표현된다. 수입을 500kg으로 제한하는 수입할당제를 시행할 때, 새로운 시장가격과 이때 발생하는 할당지대는? (단, Q_d는 수요량, Q_s는 공급량, P는 가격이다)

① 20달러, 4,000달러   ② 15달러, 4,000달러
③ 20달러, 5,000달러   ④ 15달러, 5,000달러

출제이슈 관세와 수입쿼터
핵심해설 정답 ③

설문에 주어진 정보를 이용하여 현재 시장상황을 묘사하면 다음의 그래프와 같다.

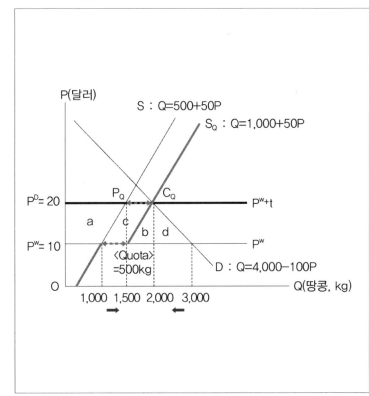

① 국제시장가격: $P^W = 10$ 동일
② 국내시장가격: $P^W = P^D = 10$ 에서 $P^D = 20$으로 상승
③ 국내생산량: $S_1 = 1,000$에서 $S_2 = 1,500$으로 증가
④ 국내소비량: $D_1 = 3,000$에서 $D_2 = 2,000$으로 감소
⑤ 해외수입량: $D_1 - S_1 = 2,000$ 에서 $D_2 - S_2 = 500$으로 감소
⑥ 소비자잉여: $a + b + c + d$
$= 12,500 + 5,000$
$+ \dfrac{1,500 \times 10}{2} = 25,000$
만큼 감소
⑦ 생산자잉여: $a = \dfrac{2,500 \times 10}{2}$
$= 12,500$만큼 증가
⑧ 수입업자이득: $c = 500 \times 10$
$= 5,000$만큼 증가

따라서 국내시장가격은 20달러이고, 수입업자의 이득인 할당지대는 5,000달러가 된다.

04 2013년 국가직 7급

A국이 수출 물품에 단위당 일정액을 지급하는 보조금 정책이 교역조건에 미치는 효과에 대한 설명으로 옳은 것을 모두 고르면? (단, 다른 조건은 일정하다)

ㄱ. A국이 대국이면, 교역조건은 악화된다.

ㄴ. A국이 소국이면, 교역조건은 개선된다.

ㄷ. A국이 소국이면, 국내시장에서 수출품의 가격은 상승한다.
---

① ㄱ, ㄴ   ② ㄴ, ㄷ

③ ㄱ, ㄷ   ④ ㄱ, ㄴ, ㄷ

출제이슈 수출보조금

핵심해설 정답 ③

수출보조금의 효과는 다음과 같다.

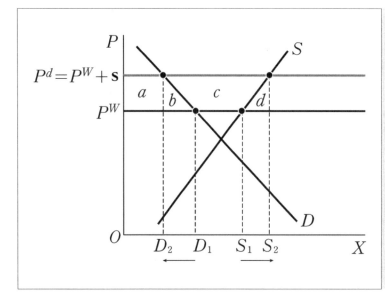

① 국제시장가격 : P^W 동일
② 국내시장가격 : P^W에서 $P^W + s$ 로 상승
③ 국내생산량 : S_1에서 S_2로 증가
④ 국내소비량 : D_1에서 D_2로 감소
⑤ 소비자잉여 변화 ΔCS : $a+b$만큼 감소
⑥ 생산자잉여 변화 ΔPS : $a+b+c$만큼 증가
⑦ 정부의 보조금 지출 : $b+c+d$
⑧ 자중손실 : $-(b+d)$

1) 소국의 수출보조금

소국에서 수출보조금이 지급될 경우, 수출보조금으로 인해서 수출공급량이 늘어나더라도 수출재의 가격은 불변이다(지문 ㄴ). 그러나 국내시장에서 가격은 상승한다(지문 ㄷ).

2) 대국의 수출보조금

대국에서 수출보조금이 지급될 경우, 수출보조금으로 인해서 수출공급량이 늘어나고 이로 인해 수출재의 가격이 하락하게 된다. 수출재가격의 하락으로 인하여 교역조건이 악화되어 사회순손실이 더욱 악화된다(지문 ㄱ).

2017 국7

1 경제통합의 유형

1) 자유무역지역(free trade area)

① 가맹국 간에는 관세를 완전히 철폐, 역외국가에 대해서는 가맹국이 개별적으로 관세를 부과

② NAFTA(북미자유무역협정)

2) 관세동맹(customs union)

① 가맹국 간에는 관세를 완전히 철폐, 역외국가에 대해서 공동관세를 부과

② 과거 1957년 로마조약에 의한 EEC(유럽경제공동체)

3) 공동시장(common market)

① 관세, 생산요소 이동 자유화

ⅰ) 가맹국 간에는 관세를 완전히 철폐, 역외국가에 대해서 공동관세를 부과

ⅱ) 가맹국 간 생산요소의 자유로운 이동을 허용

② 과거 EU의 과거형태인 EC와 1992년 결성된 EU(유럽연합)

4) 경제동맹(economic union)

① 관세, 생산요소 이동 자유화, 정책협조

ⅰ) 가맹국 간에는 관세를 완전히 철폐, 역외국가에 대해서 공동관세를 부과

ⅱ) 가맹국 간 생산요소의 자유로운 이동을 허용

ⅲ) 가맹국 간 상호협조하에 재정, 금융정책을 실시

② 1999년 공동화폐 유로통화를 사용하게 된 EU(유럽연합)

2 경제통합의 효과

1) 무역창출효과(trade creation)

① 관세동맹 이전에는 가맹국 사이에 없었던 무역기회가 관세동맹 이후에 생겨남

② 고비용국의 생산자로부터 저비용국의 생산자에게로 생산기회가 이동하면서 자원을 보다 효율적으로 이용

2) 무역전환효과(trade diversion)

① 관세동맹 이전에는 저비용 비가맹국으로부터 수입해오던 것을 관세동맹 이후에 고비용 가맹국으로 전환하여 수입하는 경우 발생

② 저비용국의 생산자로부터 고비용국의 생산자에게로 수입기회가 전환되면서 자원의 효율적 배분에 역행

ISSUE 문제 📝

01 | 2017년 국가직 7급

다음은 경제통합 형태에 대한 내용이다. 자유무역지역(free trade area), 관세동맹(customs union), 공동시장(common market)의 개념을 바르게 연결한 것은?

> (가) 가맹국 간에는 상품에 대한 관세를 철폐하고, 역외 국가의 수입품에 대해서는 가맹국이 개별적으로 관세를 부과한다.
> (나) 가맹국 간에는 상품뿐만 아니라 노동, 자원과 같은 생산요소의 자유로운 이동이 보장되며, 역외 국가의 수입품에 대해서는 공동관세를 부과한다.
> (다) 가맹국 간에는 상품의 자유로운 이동이 보장되지만, 역외 국가의 수입품에 대해서는 공동관세를 부과한다.

	(가)	(나)	(다)
①	자유무역지역	관세동맹	공동시장
②	자유무역지역	공동시장	관세동맹
③	관세동맹	자유무역지역	공동시장
④	관세동맹	공동시장	자유무역지역

출제이슈 경제통합의 유형
핵심해설 정답 ②

지역경제통합은 통합된 가맹국 간의 무역장벽 철폐를 원칙으로 하며, 가맹국 간의 밀착정도에 따라서 다음과 같이 분류할 수 있다.

1) 자유무역지역(free trade area)
가맹국 간에는 관세를 완전히 철폐하되, 역외국가에 대해서는 가맹국이 개별적으로 관세를 부과하는 체제로서 NAFTA(북미자유무역협정)가 대표적인 예이다.

2) 관세동맹(customs union)
가맹국 간에는 관세를 완전히 철폐하되, 역외국가에 대해서 공동관세를 부과하는 체제로서 과거 1957년 로마조약에 의한 EEC(유럽경제공동체)가 대표적인 예이다.

3) 공동시장(common market)
가맹국 간에는 관세를 완전히 철폐하되 역외국가에 대해서 공동관세를 부과하며, 가맹국 간 생산요소의 자유로운 이동을 허용하는 체제로서 EU의 과거형태인 EC와 1992년 결성된 EU(유럽연합)가 대표적인 예이다.

4) 경제동맹(economic union)
가맹국 간에는 관세를 완전히 철폐하되 역외국가에 대해서 공동관세를 부과하며, 가맹국 간 생산요소의 자유로운 이동을 허용할 뿐만 아니라 가맹국 간 상호협조하에 재정, 금융정책을 실시하는 체제로서 1999년 공동화폐 유로통화를 사용하게 된 EU(유럽연합)가 대표적인 예이다.

위의 내용에 따라서 설문을 검토하면 다음과 같다.

(가) 자유무역지역(free trade area)에 대한 설명이다. 가맹국 간에는 관세를 완전히 철폐하되, 역외국가에 대해서는 가맹국이 개별적으로 관세를 부과하는 체제이다.

(나) 공동시장(common market)에 대한 설명이다. 가맹국 간에는 관세를 완전히 철폐하되 역외국가에 대해서 공동관세를 부과하며, 가맹국 간 노동 및 자본, 자원 등 생산요소의 자유로운 이동을 허용하는 체제이다.

(다) 관세동맹(customs union)에 대한 설명이다. 가맹국 간에는 관세를 완전히 철폐하여 가맹국 간 상품의 자유로운 이동은 보장되지만, 역외국가에 대해서 공동관세를 부과하는 체제이다.

제 2 편

국제금융이론

**조경국
경제학
워크북**

국제편

MEMO

국제수지표

2019 국7　2019 국9　2013 국7

1 국제수지표

국제수지표는 일정 기간 동안에 일국의 거주자와 여타국의 거주자들 사이에 발생한 모든 경제적 거래를 체계적으로 분류한 표를 의미한다.

2 국제수지의 분류

국제수지표는 다음과 같이 경상수지와 자본금융계정으로 구성되어 있다.

1) 경상수지

① **상품수지**: 상품의 수출과 수입

② **서비스수지**: 서비스의 국가 간 거래(운송, 여행, 통신, 보험, 지재권 사용료, 정부서비스 등)

③ **본원소득수지**: 우리가 외국에서 벌어들인 소득과 외국인이 우리나라에서 벌어간 소득(근로 소득, 이자소득, 배당소득 등)

④ **이전소득수지**: 대가없는 송금, 구호 및 원조를 위한 식량, 의약품, 국제기구 출연금 등

2) 자본금융계정

① **자본수지**

 ⅰ) 토지, 지하자원 등 비생산유형자산 거래

 ⅱ) 채무면제, 해외이주비, 투자보조금 지급 등

② **금융계정**

 ⅰ) **직접투자**: 해외기업에 대한 경영참여 등과 같은 장기적인 대외투자

 ⅱ) **증권투자**: 외국과의 주식 및 채권거래

 ⅲ) **파생금융상품투자**: 외국과의 파생상품거래

 ⅳ) **기타투자**: 직접투자, 증권투자, 파생금융상품투자에 포함되지 않는 외국과의 모든 금융 거래(대출, 차입, 외상수출입 시 발생하는 무역신용 등)

 ⅴ) **준비자산**: 중앙은행의 외환보유액의 변화(중앙은행이 외환시장에서 외환 매입, 매도)

ISSUE 문제 📝

01 2019년 국가직 9급

우리나라 국제수지표의 경상수지에 포함되지 않는 것은?

① 국내 A은행이 차입한 외화증권 이자로 일본 B은행에 지급한 100만 달러

② 한국 정부가 C국에 무상원조로 제공한 1,000만 달러

③ 국내 해운사가 수출화물 운송 대가로 외국 D기업으로부터 받은 10만 달러

④ 외국 증권투자자가 국내 주식시장에서 매입한 주식 대금 500만 달러

출제이슈 국제수지표의 계정별 이해
핵심해설 정답 ④

국제수지표는 일정 기간 동안에 일국의 거주자와 여타국의 거주자들 사이에 발생한 모든 경제적 거래를 체계적으로 분류한 표를 의미한다. 국제수지표는 다음과 같이 경상수지와 자본금융계정으로 구성되어 있다.

1) 경상수지

① 상품수지 : 상품의 수출과 수입
② 서비스수지 : 서비스의 국가 간 거래(운송, 여행, 통신, 보험, 지재권 사용료, 정부서비스 등)
③ 본원소득수지 : 우리가 외국에서 벌어들인 소득과 외국인이 우리나라에서 벌어간 소득(근로소득, 이자소득, 배당소득 등)
④ 이전소득수지 : 대가없는 송금, 구호 및 원조를 위한 식량, 의약품, 국제기구 출연금 등

2) 자본금융계정

① 자본수지
ⅰ) 토지, 지하자원 등 비생산유형자산 거래
ⅱ) 채무면제, 해외이주비, 투자보조금 지급 등

② 금융계정
ⅰ) 직접투자 : 해외기업에 대한 경영참여 등과 같은 장기적인 대외투자
ⅱ) 증권투자 : 외국과의 주식 및 채권거래
ⅲ) 파생금융상품투자 : 외국과의 파생상품거래
ⅳ) 기타투자 : 직접투자, 증권투자, 파생금융상품투자에 포함되지 않는 외국과의 모든 금융거래(대출, 차입, 외상수출입 시 발생하는 무역신용 등)
ⅴ) 준비자산 : 중앙은행의 외환보유액의 변화(중앙은행이 외환시장에서 외환 매입, 매도)

위의 내용에 근거하여 설문을 검토하면 다음과 같다.

① 국내 A은행이 차입한 외화증권 이자로 일본 B은행에 지급한 100만 달러
이자소득의 지급으로서 우리가 외국에서 벌어들인 소득과 외국인이 우리나라에서 벌어간 소득(근로소득, 이자소득, 배당소득 등)의 성격이다. 본원소득수지에 해당하며 경상수지이다.

② 한국 정부가 C국에 무상원조로 제공한 1,000만 달러
대가없는 송금, 구호 및 원조를 위한 식량, 의약품, 국제기구 출연금 등과 같은 이전소득수지에 해당한다. 따라서 경상수지에 해당한다.

③ 국내 해운사가 수출화물 운송 대가로 외국 D기업으로부터 받은 10만 달러

서비스의 국가 간 거래(운송, 여행, 통신, 보험, 지재권 사용료, 정부서비스 등)에 해당하므로 서비스수지에 포함된다. 따라서 경상수지로 분류된다.

④ 외국 증권투자자가 국내 주식시장에서 매입한 주식 대금 500만 달러

외국과의 주식 및 채권거래로서 증권투자에 해당하는 금융계정이다. 따라서 경상수지가 아니라 자본금융계정으로 분류된다.

02 2013년 국가직 7급

2013년에 한국은행이 국내 외환시장에서 8억 달러를 매입하였다. 이를 국제수지표에 기록한 것으로 옳은 것은?

차변	대변
① 준비자산 8억 달러	금융계정(기타투자) 8억 달러
② 준비자산 8억 달러	금융계정(증권투자) 8억 달러
③ 금융계정(기타투자) 8억 달러	준비자산 8억 달러
④ 금융계정(증권투자) 8억 달러	준비자산 8억 달러

출제이슈 국제수지표의 계정별 이해
핵심해설 정답 ①

국제수지표는 일정 기간 동안에 일국의 거주자와 여타국의 거주자들 사이에 발생한 모든 경제적 거래를 체계적으로 분류한 표를 의미한다. 국제수지표는 경상수지와 자본금융계정으로 구성되어 있다.

자본금융계정은 직접투자(해외기업에 대한 경영참여 등과 같은 장기적인 대외투자), 증권투자(외국과의 주식 및 채권거래), 파생금융상품투자, 기타투자(직접투자, 증권투자, 파생금융상품투자에 포함되지 않는 외국과의 모든 금융거래[대출, 차입, 외상수출입시 발생하는 무역신용 등]) 그리고 준비자산으로 구성된다.

특히 준비자산은 중앙은행의 외환보유액의 변화를 의미하는데 이는 중앙은행이 외환시장에서 외환 매입, 매도하는 경우 나타난다.

한국은행이 국내 외환시장에서 8억 달러를 매입하는 경우에는 준비자산이 증가하므로 차변에 기록한다. 한편, 복식부기의 원리에 의하여 이를 대변에도 기록한다. 정리하면, 차변에 준비자산의 증가로 기록하고, 대변에 금융계정 중 기타투자로 기록한다.

03 2019년 국가직 7급

다음은 A국의 2019년 3월 경상수지와 4월에 발생한 모든 경상거래를 나타낸 것이다. 전월 대비 4월의 경상수지에 대한 설명으로 옳은 것은?

경상수지(2019년 3월)	100억 달러
상품수지	60억 달러
서비스수지	20억 달러
본원소득수지	50억 달러
이전소득수지	−30억 달러

<2019년 4월 경상거래>
• 상품 수출 250억 달러, 상품 수입 50억 달러
• 특허권 사용료 30억 달러 지급
• 해외 투자로부터 배당금 80억 달러 수취
• 국내 단기 체류 해외 노동자의 임금 20억 달러 지불
• 지진이 발생한 개도국에 무상원조 90억 달러 지급
• 외국인 여객 수송료 10억 달러 수취

① 상품 수출액은 150억 달러 증가하였다.
② 경상수지 흑자 폭이 감소하였다.
③ 서비스수지는 흑자를 유지하였다.
④ 본원소득수지는 흑자 폭이 증가하였다.

출제이슈 국제수지표의 계정별 이해
핵심해설 정답 ④

국제수지표는 일정 기간 동안에 일국의 거주자와 여타국의 거주자들 사이에 발생한 모든 경제적 거래를 체계적으로 분류한 표를 의미한다. 국제수지표는 다음과 같이 경상수지와 자본금융계정으로 구성되어 있다.

1) 경상수지

① 상품수지 : 상품의 수출과 수입
② 서비스수지 : 서비스의 국가 간 거래(운송, 여행, 통신, 보험, 지재권 사용료, 정부서비스 등)
③ 본원소득수지 : 우리가 외국에서 벌어들인 소득과 외국인이 우리나라에서 벌어간 소득(근로소득, 이자소득, 배당소득 등)
④ 이전소득수지 : 대가없는 송금, 구호 및 원조를 위한 식량, 의약품, 국제기구 출연금 등

2) 자본금융계정

① 자본수지
② 금융계정

위의 내용에 근거하여 설문의 <2019년 4월 경상거래>를 검토하면 다음과 같다.

1) 상품 수출 250억 달러, 상품 수입 50억 달러
상품의 수출과 수입으로서 상품수지에 해당한다.
2019년 4월 상품수지는 250억달러 − 50억달러 ＝ ＋200억달러가 된다.

2) 특허권 사용료 30억 달러 지급
서비스의 국가 간 거래(운송, 여행, 통신, 보험, 지재권사용료, 정부서비스 등)로서 서비스수지에 해당한다.
2019년 4월 서비스수지는 −30억달러가 된다.

3) 해외 투자로부터 배당금 80억 달러 수취
우리가 외국에서 벌어들인 소득과 외국인이 우리나라에서 벌어간 소득(근로소득, 이자소득, 배당소득 등)에 해당하여 본원소득수지로 분류된다.
2019년 4월 본원소득수지는 ＋80억달러가 된다.

4) 국내 단기 체류 해외 노동자의 임금 20억 달러 지불
우리가 외국에서 벌어들인 소득과 외국인이 우리나라에서 벌어간 소득(근로소득, 이자소득, 배당소득 등)에 해당하여 본원소득수지로 분류된다.
2019년 4월 본원소득수지는 −20억달러가 된다.

5) 지진이 발생한 개도국에 무상원조 90억 달러 지급
대가없는 송금, 구호 및 원조를 위한 식량, 의약품, 국제기구 출연금 등에 해당하여 이전소득수지로 분류된다.
2019년 4월 이전소득수지는 −90억달러가 된다.

6) 외국인 여객 수송료 10억 달러 수취
서비스의 국가 간 거래(운송, 여행, 통신, 보험, 지재권사용료, 정부서비스 등)로서 서비스수지에 해당한다.
2019년 4월 서비스수지는 ＋10억달러가 된다.

이를 표로 정리하면 다음과 같다.

경상수지의 분류	2019년 3월	2019년 4월	계	증감
상품수지	60억 달러	1) ＋200억 달러	260억 달러	＋140억 달러
서비스수지	20억 달러	2) −30억 달러 6) ＋10억 달러	0억 달러	−40억 달러
본원소득수지	50억 달러	3) ＋80억 달러 4) −20억 달러	110억 달러	＋10억 달러
이전소득수지	−30억 달러	5) −90억 달러	−120억 달러	−60억 달러
계	100억 달러	＋150억 달러	＋250억 달러	＋50억 달러

위의 표에 따라서 설문을 검토하면 다음과 같다.

① 틀린 내용이다.

상품 수출액은 3월과 비교하면 불분명하다.

4월 상품 수출액은 250억 달러로서 3월보다 증가하였는지 감소하였는지는 불분명하다.

상품수지는 2019년 3월 60억 달러 흑자에서 4월 200억 달러 흑자로 140억 달러 만큼 흑자 폭이 증가하였다.

② 틀린 내용이다.

경상수지는 3월과 비교하면 흑자 폭이 증가하였다.

경상수지는 2019년 3월 100억 달러 흑자에서 4월 150억 달러 흑자로 흑자 폭이 증가하였다.

③ 틀린 내용이다.

서비스수지는 3월과 비교하면 흑자 유지가 아니라 적자로 되었다.

서비스수지는 2019년 3월 20억 달러 흑자에서 4월 −20억 달러로 적자가 되었다.

④ 옳은 내용이다.

본원소득수지는 3월과 비교하면 흑자 폭이 증가하였다.

본원소득수지는 2019년 3월 50억 달러 흑자에서 4월 +60억 달러로 되었다.

국제수지 결정이론

1 폐쇄경제하 국민소득 결정이론

폐쇄경제에서 국민소득은 다음과 같이 결정된다.

$Y = C + I + G$(C : 소비, I : 투자, G : 정부지출)

2 개방경제하 국민소득 결정이론

수출입을 고려한 개방경제에서 국민소득은 다음과 같이 결정된다.

$Y = C + I + G + X - M$(C : 소비, I : 투자, G : 정부지출, X : 수출, M : 수입)

3 국제수지와 국민소득

1) 소득 – 지출 접근법

위의 식을 다음과 같이 변형해 보자.

$AD = C + I + G$(AD : 국내총지출)를 도입하면 $Y - A = X - M$이 된다.

이는 (소득 – 지출) = (수출 – 수입)임을 의미하며, 소득이 지출보다 크면, 수출이 수입보다 크다는 뜻이다.

2) 저축 – 투자 접근법

$Y = C + I + G + X - M$(C : 소비, I : 투자, G : 정부지출, X : 수출, M : 수입)에서

$Y \equiv C + S + T$로서 항등식이다.

따라서 개방경제의 국민소득 결정식을 변형해보면 다음과 같다.

$S + T + M = I + G + X$ 가 되어 $(S - I) + (T - G) = (X - M)$이 된다.

이는 (저축 – 투자) = (수출 – 수입)임을 의미하며, 저축이 투자보다 크면, 수출이 수입보다 크다는 뜻이다.

ISSUE 문제 📝

01 | 2018년 국가직 7급 |

변동환율제하에서의 국제수지표에 대한 설명으로 옳은 것만을 모두 고르면? (단, 국제수지표에서 본원소득수지, 이전소득수지, 오차와 누락은 모두 0과 같다)

> ㄱ. 국민소득이 국내총지출보다 크면 경상수지는 적자이다.
> ㄴ. 국민저축이 국내투자보다 작으면 경상수지는 적자이다.
> ㄷ. 순자본유출이 정(+)이면 경상수지는 흑자이다.

① ㄱ   ② ㄴ

③ ㄱ, ㄷ   ④ ㄴ, ㄷ

출제이슈 국제수지와 국민소득
핵심해설 정답 ④

폐쇄경제에서 국민소득은 다음과 같이 결정된다.
$Y = C + I + G$ (C: 소비, I: 투자, G: 정부지출)

한편 수출입을 고려한 개방경제에서 국민소득은 다음과 결정된다.
$Y = C + I + G + X - M$ (C: 소비, I: 투자, G: 정부지출, X: 수출, M: 수입)

위의 식을 다음과 같이 변형해 보자.

1) 소득 – 지출 접근법

$AD = C + I + G$ (AD: 국내총지출)를 도입하면 $Y - A = X - M$이 된다.
이는 (소득 – 지출) = (수출 – 수입)임을 의미하며, 소득이 지출보다 크면, 수출이 수입보다 크다는 뜻이다.

2) 저축 – 투자 접근법

$Y = C + I + G + X - M$ (C: 소비, I: 투자, G: 정부지출, X: 수출, M: 수입)에서
$Y \equiv C + S + T$로서 항등식이다.

따라서 개방경제의 국민소득 결정식을 변형해보면 다음과 같다.
$S + T + M = I + G + X$ 가 되어 $(S - I) + (T - G) = (X - M)$이 된다.

이는 (저축 – 투자) = (수출 – 수입)임을 의미하며, 저축이 투자보다 크면, 수출이 수입보다 크다는 뜻이다.

위의 내용을 바탕으로 설문을 검토하면 다음과 같다.

ㄱ. 틀린 내용이다.
국민소득이 국내총지출보다 크면 경상수지는 흑자이다. 위의 국제수지 결정식 (소득 − 지출) = (수출 − 수입)에서 만일 소득이 지출보다 크면 수출이 수입보다 크다는 뜻이므로 경상수지는 흑자가 된다.

ㄴ. 옳은 내용이다.
국민저축이 국내투자보다 작으면 경상수지는 적자이다. 위의 국제수지 결정식 (저축 − 투자) = (수출 − 수입)에서 만일 저축이 투자보다 작으면 수출이 수입보다 작다는 뜻이므로 경상수지는 적자가 된다.

ㄷ. 옳은 내용이다.
순자본유출이 정(+)이면 경상수지는 흑자이다. 위의 국제수지 결정식 (저축 − 투자) = (수출 − 수입)에서 만일 저축이 투자보다 크면, 투자를 초과하는 만큼의 자본이 해외로 유출되어야만 순수출이 증가할 수 있음을 의미한다. 한편, 이를 보정적 거래 관점에서 보면, 자율적 거래로 발생한 경상수지가 복식부기원리에 의한 보정적 거래에 의해 상쇄된다. 특히 당해 보정적 거래는 자본수지로 기록되므로 경상수지와 반대방향의 보정적 거래의 자본수지가 된다. 따라서 순수출은 보정적 거래로서의 순자본유출과 매칭이 되므로 주의해야 한다.

02 │ 2014년 서울시 7급

한 나라의 국내저축이 증가할 때, 국내투자에 변화가 없다면 다음 중 어떠한 변화가 발생하는가?

① 순자본유출이 증가하여 순수출이 증가한다.
② 순자본유출이 증가하여 순수출이 감소한다.
③ 순자본유출이 감소하여 순수출이 증가한다.
④ 순자본유출이 감소하여 순수출이 감소한다.
⑤ 순자본유출이 일정하고 순수출도 일정하다.

출제이슈 국제수지와 국민소득
핵심해설 정답 ①

폐쇄경제에서 국민소득은 다음과 같이 결정된다.
$Y = C + I + G$(C: 소비, I: 투자, G: 정부지출)

한편 수출입을 고려한 개방경제에서 국민소득은 다음과 결정된다.
$Y = C + I + G + X - M$(C: 소비, I: 투자, G: 정부지출, X: 수출, M: 수입)

위의 식을 다음과 같이 변형해 보자.

1) 소득 – 지출 접근법

$AD = C + I + G$(AD: 국내총지출)를 도입하면 $Y - A = X - M$이 된다.
이는 (소득 – 지출) = (수출 – 수입)임을 의미하며, 소득이 지출보다 크면, 수출이 수입보다 크다는 뜻이다.

2) 저축 – 투자 접근법

$Y = C + I + G + X - M$(C: 소비, I: 투자, G: 정부지출, X: 수출, M: 수입)에서
$Y \equiv C + S + T$로서 항등식이다.

따라서 개방경제의 국민소득 결정식을 변형해보면 다음과 같다.
$S + T + M = I + G + X$ 가 되어 $(S - I) + (T - G) = (X - M)$이 된다.

이는 (저축 – 투자) = (수출 – 수입)임을 의미하며, 저축이 투자보다 크면, 수출이 수입보다 크다는 뜻이다.

설문에서 한 나라의 국내저축이 증가할 때, 국내투자에 변화가 없다면, (저축 – 투자) = (수출 – 수입)에서 순수출이 증가함을 의미한다. 또한 투자되는 자본보다 더 많이 저축될 경우 그 초과자본은 유출되어야만 수출 증가가 가능해진다는 뜻이다.

ISSUE 03 환율의 의의

1 환율의 개념

1) 환율은 국내통화와 외국통화 간의 교환비율을 말한다.

2) 보통의 경우 외국화폐와 교환되는 국내화폐의 양이다.

3) 환율은 외화의 자국화폐로 표시한 가격이다.

4) 환율이 변하면 수출재와 수입재의 가격이 변하여 수출입에 영향을 준다.

2 환율변화의 원인과 효과

1) 환율 상승의 원인

① 미국의 기준금리 인상

② 외국의 기관투자가들이 우리나라 주식을 매각

③ 국제금융시장의 불확실성 증가로 달러수요 증가

④ 대미 달러 환율 상승의 기대로 인한 달러가수요 증가

⑤ 소규모 국가에서 대규모 자본도피 발생

⑥ 외국인의 국내주식 투자 위축

⑦ 자국 은행의 해외대출 증가

⑧ 실질환율 불변인 상황에서 자국의 인플레이션율만 상승

2) 환율 하락의 원인

① 대규모 외국인 직접투자

② 우리나라의 이자율만 상대적으로 상승

③ 우리나라 채권에 대한 미국투자자들의 수요가 증가

④ 외국인의 우리나라 주식투자 확대

⑤ 확장적 재정정책, 긴축적 통화정책

⑥ 원유수입액의 감소

⑦ 반도체 수출액의 증가

3) 환율 상승 추세지속의 효과 → 수출 증가, 수입 감소, 외국 여행 앞당기기

4) 환율 하락 추세지속의 효과 → 수출 감소, 수입 증가, 외국관광객 감소

3 교차환율 : 한국, 미국, 일본 3국 사이의 환율

$$\frac{\text{달러의 원화표시 환율 } ₩/\$}{\text{달러의 엔화표시 환율 } ¥/\$} = \frac{1,100원}{110엔} = \frac{1,100원 \times \frac{100}{110}}{110엔 \times \frac{100}{110}} = \frac{1,000원}{100엔}$$

4 실질환율

1) 구매력 평가설에 의하면, 명목환율은 양국의 물가수준에 의하여 결정된다.

2) 그러나 현실에서 환율은 양국의 구매력을 충분히 반영하지 못한다. 따라서 양국의 구매력의 차이를 나타내는 척도가 필요한데 이를 실질환율이라고 하며, 자국상품과 외국상품의 교환비율을 의미한다.

3) 실질환율은 외국상품 1단위와 교환되는 자국상품의 양으로서 $q = \dfrac{eP^*}{P}$ 로 표시할 수 있다.

4) 명목환율이 상승하면 실질환율은 상승한다.

5) 실질환율은 외국재화의 자국재화에 대한 상대가격이다.

6) 실질환율을 변화율로 표시하면, $\hat{q} = \hat{e} + \widehat{P^*} - \widehat{P}$ 가 된다.

5 환율상승과 수출입

1) 환율 상승에 따른 수출금액의 변화

① 환율을 반영하여 수출함수를 나타내면 다음과 같다.

$X = X(\dfrac{P}{e})(e :$ 환율$, \dfrac{P}{e} :$ 외국화폐로 표시한 수출재화 가격$)$

② 환율 상승 시 외국화폐로 표시된 수출재화가격이 하락하므로 외국에서 수출수요가 증가한다.

③ 환율 상승 시 총수출금액은 수출재화가격 하락과 이에 따른 수출수요 증가에 의해 결정된다.

④ 만일 수출재화가격 하락효과보다 수출수요 증가가 큰 경우에는 총수출금액이 증가한다.

2) 환율 상승에 따른 수입금액의 변화

① 환율을 반영하여 수입함수를 나타내면 다음과 같다.

$M = M(e \cdot P^*)$ (e: 환율, eP^*: 자국화폐로 표시한 수입재화가격)

② 환율 상승 시 자국화폐로 표시된 수입재화가격이 상승하므로 자국에서 수입수요가 감소한다.

③ 환율 상승 시 총수입금액은 수입재화가격 상승과 이에 따른 수입수요 감소에 의해 결정된다.

④ 만일 수입재 재화가격 상승효과보다 수입수요 감소가 큰 경우에는 총수입금액이 감소한다.

3) 환율 상승에 따른 경상수지의 변화와 마샬 − 러너 조건

① 환율 상승에 따른 경상수지의 변화는 환율 상승에 따른 수출금액의 변화와 수입금액의 변화를 모두 고려해야 한다.

② 마샬 − 러너 조건에 의하면 환율 상승 시 경상수지가 개선되기 위해서 외국의 수입수요탄력성(외국의 자국수출재에 대한 수요탄력성)과 자국의 수입수요탄력성의 합이 1보다 더 커야 한다.

ISSUE 문제 📝

01 2017년 하 국가직 7급

환율에 대한 설명으로 옳지 않은 것은?

① 원화의 평가절상은 원유 등 생산 원자재를 대량으로 수입하는 우리나라의 수입 원가부담을 낮춰 내수 물가안정에 기여한다.

② 미국의 기준금리 인상은 원화의 평가절하를 유도하여 우리나라의 수출기업에 유리하게 작용한다.

③ 대규모 외국인 직접투자가 우리나라로 유입되면 원화의 평가절하가 발생하고 우리나라의 수출 증대로 이어진다.

④ 실질환율은 한 나라의 재화와 서비스가 다른 나라의 재화와 서비스로 교환되는 비율을 말한다.

출제이슈 환율변화의 원인과 효과
핵심해설 정답 ③

① 옳은 내용이다.
원화의 평가절상은 원화가치가 오르고 환율이 하락함을 의미한다. 따라서 수입재의 원화표시가격이 하락하게 되어 수입원가 부담이 줄고 수입이 증가하게 된다.

② 옳은 내용이다.
미국의 기준금리 인상으로 인하여 우리나라로부터 미국으로 자본이 유출되고 환율이 상승하게 되어 원화의 평가절하가 나타난다. 따라서 환율 상승으로 우리나라 수출재의 달러표시가격이 하락하게 되어 수출이 증가하므로 우리나라의 수출기업에 유리하게 작용한다.

③ 틀린 내용이다.
대규모 외국인 직접투자가 우리나라로 유입되면 환율이 하락하고 원화의 평가절상이 발생한다. 환율 하락은 우리나라 수출재의 달러표시가격의 상승을 가져와서 수출 감소를 초래하게 된다.

④ 옳은 내용이다.
명목환율이 자국과 외국의 통화교환비율이라면, 실질환율은 한 나라의 재화와 서비스가 다른 나라의 재화와 서비스로 교환되는 비율이다.

02 | 2015년 국가직 7급

원화, 달러화, 엔화의 현재 환율과 향후 환율이 다음과 같을 때, 옳지 않은 것은?

현재 환율	향후 환율
• 1달러당 원화 환율 1,100원 • 1달러당 엔화 환율 110엔	• 1달러당 원화 환율 1,080원 • 100엔당 원화 환율 900원

① 한국에 입국하는 일본인 관광객 수가 감소할 것으로 예상된다.
② 일본 자동차의 대미 수출이 감소할 것으로 예상된다.
③ 미국에 입국하는 일본인 관광객 수가 감소할 것으로 예상된다.
④ 달러 및 엔화에 대한 원화 가치가 상승할 것으로 예상된다.

출제이슈 환율변화의 효과 및 교차환율
핵심해설 정답 ②

먼저 한국, 미국, 일본 간 현재와 미래의 환율을 계산하면 다음과 같다.

1) 한국과 미국
① 현재 1달러당 원화 환율 1,100원에서 미래에 1달러당 원화 환율 1,080원으로 환율이 하락한다.
② 따라서 달러에 대하여 원화의 가치가 상승할 것으로 예상된다.

2) 한국과 일본
① 현재 일본 엔화 100엔당 원화 가격은 제시되어 있지 않으므로 이를 계산해야 한다.

 i) 1달러당 원화 환율이 1,100원이고 1달러당 엔화 환율이 110엔이므로 원화 1,100원과 엔화 110엔이 교환비율이 된다. 따라서 100엔당 1,000원이 된다.

 ii) 참고로 다음과 같이 교차환율을 통해서도 간단히 구할 수 있다.

$$\frac{\text{달러의 원화표시 환율 ₩/\$}}{\text{달러의 엔화표시 환율 ¥/\$}} = \frac{1,100원}{110엔} = \frac{1,100원 \times \frac{100}{110}}{110엔 \times \frac{100}{110}} = \frac{1,000원}{100엔}$$

② 현재 100엔당 1,000원이 미래에는 100엔당 900원으로 하락한다.
③ 따라서 엔화에 대하여 원화의 가치가 상승할 것으로 예상된다.

3) 미국과 일본

① 미래 1달러당 엔화 환율은 제시되어 있지 않으므로 이를 계산해야 한다.

ⅰ) 미래 1달러당 원화 환율이 1,080원이고 100엔당 원화 환율이 900원이므로 1/1,080달러와 100/900엔이 교환비율이 된다. 따라서 1달러당 120엔이 된다.

ⅱ) 참고로 다음과 같이 교차환율을 통해서도 간단히 구할 수 있다.

$$\frac{\text{달러의 원화표시 환율 ₩/\$}}{\text{엔화의 원화표시 환율 ¥/\$}} = \frac{1,080원/1달러}{900원/100엔} = \frac{120/1달러}{100/100엔} = \frac{120엔}{1달러}$$

② 현재 1달러당 엔화 환율 110엔이 미래에 1달러당 120엔으로 상승한다.

위에서 계산된 세 나라 간 환율을 통하여 설문을 검토하면 다음과 같다.

① 옳은 내용이다.
현재 100엔당 1,000원이 미래에는 100엔당 900원으로 하락한다. 따라서 엔화의 가치가 하락하고 상대적으로 원화의 가치가 상승할 것으로 예상되기 때문에 한국에 입국하는 일본인 관광객 수가 감소할 것이다.

② 틀린 내용이다.
현재 1달러당 엔화 환율 110엔이 미래에 1달러당 120엔으로 상승한다. 따라서 엔화의 가치가 하락하고 상대적으로 달러의 가치가 상승할 것으로 예상되기 때문에 일본 자동차의 대미 수출이 증가할 것으로 예상된다.

③ 옳은 내용이다.
현재 1달러당 엔화 환율 110엔이 미래에 1달러당 120엔으로 상승한다. 따라서 엔화의 가치가 하락하고 상대적으로 달러의 가치가 상승할 것으로 예상되기 때문에 미국에 입국하는 일본인 관광객 수가 감소할 것으로 예상된다.

④ 옳은 내용이다.
현재 1달러당 원화 환율 1,100원에서 미래에 1달러당 원화 환율 1,080원으로 환율이 하락한다. 따라서 달러에 대하여 원화의 가치가 상승할 것으로 예상된다. 또한 현재 100엔당 1,000원이 미래에는 100엔당 900원으로 환율이 하락한다. 따라서 엔화에 대하여 원화의 가치가 상승할 것으로 예상된다.

제2편

03 2012년 국가직 7급

환율과 국제수지에 대한 설명으로 옳지 않은 것은?

① 구매력 평가설에 따를 때, 다른 조건은 일정하고 우리나라의 통화량만 증가하는 경우 원/달러 환율은 하락한다.

② 원/달러 환율이 하락하는 경우 원화가 평가절상된 것이다.

③ 달러 대비 원화 가치의 하락은 우리나라의 대미 수출 증가요인으로 작용한다.

④ 자본이동이 자유로운 경우, 다른 조건은 일정하고 우리나라의 이자율만 상대적으로 상승하면 원화의 가치가 상승한다.

출제이슈 환율변화의 원인과 효과

핵심해설 정답 ①

① 틀린 내용이다.

구매력 평가설에 의하면, 명목환율은 국내물가와 외국물가의 비율에 의하여 결정된다. 다른 조건은 일정하고 우리나라의 통화량이 증가하게 되면, 국내물가는 상승하고 자국화폐가치는 하락한다. 따라서 원/달러 환율은 상승한다.

② 옳은 내용이다.

원/달러 환율이 하락한다는 것은 달러의 원화표시가격이 하락함을 의미한다. 따라서 달러의 가치는 하락하고 상대적으로 원화의 가치는 상승한 것으로 원화의 평가절상을 의미한다.

③ 옳은 내용이다.

달러 대비 원화 가치의 하락은 상대적으로 달러의 가치가 상승한 것을 의미하므로 커진 달러의 구매력에 의하여 미국의 우리나라 제품에 대한 수입수요가 증가한다. 따라서 우리나라의 대미 수출 증가요인으로 작용한다.

④ 옳은 내용이다.

자본이동이 자유로운 경우, 다른 조건은 일정하고 우리나라의 이자율만 상대적으로 상승하면 해외로부터 우리나라로 자본이 유입된다. 따라서 환율은 하락하게 되고 원화의 가치가 상승한다.

04 2010년 국가직 7급

최근 우리나라의 대미 달러 환율이 급속히 상승하였다. 이의 원인에 대한 설명으로 경제적 논리에
가장 부합하지 않는 것은?

① 글로벌 금융위기로 인해 외국 기관투자가들이 우리나라 주식을 매각하였다.
② 우리나라 채권에 대한 미국투자자들의 수요가 증가하였다.
③ 국제금융시장의 불확실성 증가로 인해 달러 수요가 증가하였다.
④ 대미 달러 환율 상승의 기대가 달러화에 대한 가수요를 부추겼다.

출제이슈 환율변화의 원인과 효과
핵심해설 정답 ②

① 옳은 내용이다.
글로벌 금융위기로 인해 외국 기관투자가들이 우리나라 주식을 매각하게 되면, 해외로의 자본유출이 발생하여 환율이 상승
하게 된다.

② 틀린 내용이다.
우리나라 채권에 대한 미국투자자들의 수요가 증가하게 되면, 해외로부터 우리나라로 자본이 유입되어 환율이 하락하게 된다.

③ 옳은 내용이다.
국제금융시장의 불확실성이 증가하게 되면, 보다 확실하고 안정적인 달러에 대한 수요가 증가하며 이로 인해 환율이 상승할
수 있다.

④ 옳은 내용이다.
대미 달러 환율이 상승할 것으로 기대되면, 미래에 달러가격이 오르기 전에 미리 달러를 사두려는 가수요가 나타나게 된다.
이로 인해서 환율이 상승할 수 있다.

05 2013년 지방직 7급

외환시장에서 달러의 수요와 공급이 변화하는 과정을 설명한 것으로 옳은 것은? (단, 국내외 모든 상품수요의 가격탄력성은 1보다 크다)

① 원/달러 환율 상승 → 수입 감소 → 외환수요 증가
② 원/달러 환율 상승 → 수출 증가 → 외환공급 증가
③ 원/달러 환율 하락 → 수입 감소 → 외환수요 증가
④ 원/달러 환율 하락 → 수출 증가 → 외환공급 감소

출제이슈 환율변화의 효과
핵심해설 정답 ②

1) 원/달러 환율이 상승할 경우 달러의 가치가 상승하고 상대적으로 원화의 가치는 하락하게 된다.

상대적으로 커진 달러가치에 의하여 외국의 수입수요는 증가한다. 환율의 상승에 따라서 우리나라가 수출하는 재화의 달러표시가격이 하락하므로 외국에서 수입이 증가한다. 이는 우리나라의 수출 증가를 의미한다.

반대로 상대적으로 하락한 원화가치에 의하여 우리나라의 수입수요는 감소한다. 환율의 상승에 따라서 우리나라가 수입하는 재화의 원화표시가격이 상승하므로 우리나라에서 수입이 감소한다.

따라서 우리나라의 수출은 증가하고 수입은 감소한다. 수출과 수입에 의하여 발생하는 외환의 흐름은 외환공급의 증가와 외환수요의 감소로 나타난다.

2) 원/달러 환율이 하락할 경우 달러의 가치가 하락하고 상대적으로 원화의 가치는 상승하게 된다.

상대적으로 작아진 달러가치에 의하여 외국의 수입수요는 감소한다. 환율의 하락에 따라서 우리나라가 수출하는 재화의 달러표시가격이 상승하므로 외국에서 수입이 감소한다. 이는 우리나라의 수출 감소를 의미한다.

반대로 상대적으로 상승한 원화가치에 의하여 우리나라의 수입수요는 증가한다. 환율의 하락에 따라서 우리나라가 수입하는 재화의 원화표시가격이 하락하므로 우리나라에서 수입이 증가한다.

따라서 우리나라의 수출은 감소하고 수입은 증가한다. 수출과 수입에 의하여 발생하는 외환의 흐름은 외환공급의 감소와 외환수요의 증가로 나타난다.

06 2012년 지방직 7급

우리나라 주식 시장에서 외국인의 주식 투자확대로 외국 자본(달러) 유입이 크게 늘어난다면, 어떠한 경제현상을 초래할 가능성이 높은가? (단, 다른 조건은 일정하다)

① 원/달러 환율 상승과 수출 감소
② 원/달러 환율 하락과 수출 감소
③ 원/달러 환율 상승과 수출 증가
④ 원/달러 환율 하락과 수출 증가

출제이슈 환율변화의 원인과 효과
핵심해설 정답 ②

우리나라 주식 시장에서 외국인의 주식 투자확대로 외국 자본(달러) 유입이 크게 늘어난다면 환율의 하락으로 나타난다.

원/달러 환율의 하락은 달러의 가치가 하락하고 상대적으로 원화의 가치가 상승함을 의미한다.

상대적으로 작아진 달러가치에 의하여 외국의 수입수요는 감소한다. 환율의 하락에 따라서 우리나라가 수출하는 재화의 달러표시가격이 상승하므로 외국에서 수입이 감소한다. 이는 우리나라의 수출 감소를 의미한다.

반대로 상대적으로 상승한 원화가치에 의하여 우리나라의 수입수요는 증가한다. 환율의 하락에 따라서 우리나라가 수입하는 재화의 원화표시가격이 하락하므로 우리나라에서 수입이 증가한다.

07 　2012년 지방직 7급

다음 그림은 최근 3개월간 환율의 추이를 보여주고 있다. 8월 30일 이후의 환율 추이가 지속될 것으로 가정할 경우에 예상되는 것으로 옳지 않은 것은?

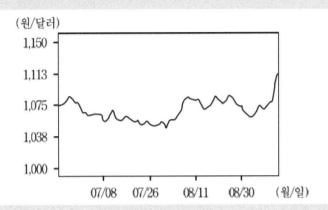

① 미국 여행시기를 앞당기는 것이 유리할 것이다.
② 달러화에 대한 원화의 가치가 하락할 것이다.
③ 미국산 수입 농산물의 국내 가격은 상승할 것이다.
④ 국내기업의 대미 수출품 가격 경쟁력이 약화될 것이다.

출제이슈 　환율의 개념과 환율변화의 효과
핵심해설 　정답 ④

설문에 의하면 환율은 미래에 상승할 것으로 예상된다.

원/달러 환율의 상승은 달러의 가치가 상승하고 상대적으로 원화의 가치가 하락함을 의미한다(지문 ②).

상대적으로 커진 달러가치에 의하여 외국의 수입수요는 증가한다. 환율의 상승에 따라서 우리나라가 수출하는 재화의 달러표시가격이 하락하므로 외국에서 수입이 증가한다. 이는 우리나라의 수출 증가를 의미한다. 즉, 국내기업의 대미 수출품 가격경쟁력이 강화됨을 의미한다(지문 ④).

반대로 상대적으로 하락한 원화가치에 의하여 우리나라의 수입수요는 감소한다. 환율의 상승에 따라서 우리나라가 수입하는 재화의 원화표시가격이 상승(지문 ③)하므로 우리나라에서 수입이 감소한다. 따라서 만일 미국으로 여행을 계획한다면, 환율이 더 상승하기 전에 즉, 원화가치가 더 하락하기 전에 조금이라도 시기를 당겨서 여행을 하는 것이 유리하게 된다(지문 ①).

08 | 2013년 서울시 7급

국제수지와 환율(달러의 원화표시 가격)에 대한 설명으로 옳은 것은?

① 경상수지와 자본수지는 같은 방향으로 발생한다.
② 실질환율의 하락은 경상수지를 개선한다.
③ 인위적인 원화가치의 부양은 외환보유고를 줄인다.
④ 국내 경제의 불확실성이 높아지면 환율이 하락한다.
⑤ 국내 이자율의 상승은 환율의 상승을 유발한다.

출제이슈 환율변화의 원인과 효과
핵심해설 정답 ③

① 틀린 내용이다.
경상수지는 상품수지, 서비스수지, 본원소득수지, 이전소득수지로 구성된다. 경상수지를 집계 및 기록하는 경우 복식부기의 원리에 의하여 같은 금액이 보정적 거래로서 자본금융계정에 계상된다. 따라서 경상수지의 합계와 그와 반대방향의 자본금융의 합계는 상쇄된다.

자본수지는 국제수지표 상에서는 자본금융계정으로서 자본수지, 금융계정으로 구성된다. 자본수지를 집계 및 기록하는 경우 역시 복식부기의 원리에 의하여 같은 금액이 보정적 거래로서 자본금융계정의 기타투자에 계상된다. 따라서 경상수지와 무관한 본연의 자본수지의 합계 또한 그와 반대방향의 또 다른 자본계정의 합계와 상쇄된다.

따라서 복식부기의 원리에 의하여 기계적으로 취급할 경우 경상수지와 자본수지의 합은 항상 0이 된다. 그러나 이러한 보정적 거래를 제외하고 자율적 거래로 한정하여 볼 경우에는 경상수지와 자본수지 모두 독립적으로 결정되고 기록된다.

결국 자율적 거래와 보정적 거래를 모두 포함할 경우에는 경상수지와 보정적인 자본금융계정의 수지는 반대방향이 옳다. 그러나 보정적 거래를 제외할 경우에는 경상수지와 자본금융계정의 발생방향은 불확실하다.

② 틀린 내용이다.
실질환율의 하락은 외국제품가격의 하락을 의미한다. 따라서 수입이 증가하여 경상수지가 악화될 것이다.

③ 옳은 내용이다.
원화가치를 높게 유지하기 위해서 중앙은행이 외환시장에 개입하여 외환을 매각하여 통화량을 줄여야 한다. 이 과정에서 중앙은행의 외환보유가 감소하게 된다.

④ 틀린 내용이다.
국내 경제의 불확실성이 높아지면 국내에 들어와 있던 외국자본이 해외로 유출되어 외환공급이 감소하고 동시에 불확실성에 따라 보다 안정적인 외환에 대한 수요가 증가하게 되면서 환율은 상승한다.

⑤ 틀린 내용이다.
국내 이자율이 상승하면 해외로부터 자본이 유입되어 환율이 하락한다. 국내이자율 상승은 동일한 자금을 우리나라에 투자하는 것과 해외에 투자하는 것에 따른 수익률의 차이를 가져온다. 즉 국내투자수익률이 상승하게 되어 자본이 유입된다.

09 2020년 국가직 7급

단기적으로 대미 환율(₩/$)을 가장 크게 하락시킬 가능성이 있는 우리나라 정부와 중앙은행의 정책 조합으로 옳게 짝 지은 것은? (단, 우리나라는 자본이동이 완전히 자유롭고, 변동환율제도를 채택하고 있는 소규모 개방경제 국가이다. IS와 LM 곡선은 각각 우하향, 우상향하며, 경제주체들의 환율예상은 정태적이다)

① 확장적 재정정책, 확장적 통화정책
② 확장적 재정정책, 긴축적 통화정책
③ 긴축적 재정정책, 확장적 통화정책
④ 긴축적 재정정책, 긴축적 통화정책

출제이슈 환율변화의 원인과 재정 및 통화정책

핵심해설 정답 ②

국내 이자율이 상승하면 해외로부터 자본이 유입되어 환율이 하락한다. 국내이자율 상승은 동일한 자금을 우리나라에 투자하는 것과 해외에 투자하는 것에 따른 수익률의 차이를 가져온다. 즉 국내투자수익률이 상승하게 되어 자본이 유입된다.

따라서 국내 이자율의 상승과 관련된 정책의 조합은 $IS-LM$ 모형에서 확장적 재정정책과 긴축적 통화정책이 된다.

제2편

10 2013년 국가직 9급

다음 ㉠, ㉡에 들어갈 내용으로 옳은 것은? (단, 수출과 수입수요의 가격탄력성 합의 절대치가 1보다 크다)

> 자유변동환율제를 실시하는 소규모 개방경제 M국에서 대규모의 자본도피가 발생하면 자국 화폐 가치가 (㉠)하여 순수출(net export)이 (㉡)한다.

	㉠	㉡
①	하락	감소
②	하락	증가
③	상승	감소
④	상승	증가

출제이슈 환율변화의 원인과 효과
핵심해설 정답 ②

자본도피에는 여러 가지 이유가 있는데 예를 들어서 국내 경제의 불확실성이 높아지면 국내에 들어와 있던 외국자본이 해외로 유출될 수 있다. 이 경우 자본유출에 따라서 외환공급이 감소하고 동시에 불확실성에 따라 보다 안정적인 외환에 대한 수요가 증가하게 되면서 환율은 상승한다.

원/달러 환율의 상승은 달러의 가치가 상승하고 상대적으로 원화의 가치가 하락함을 의미한다.

상대적으로 커진 달러가치에 의하여 외국의 수입수요는 증가한다. 환율의 상승에 따라서 우리나라가 수출하는 재화의 달러표시가격이 하락하므로 외국에서 수입이 증가한다. 이는 우리나라의 수출 증가를 의미한다.

반대로 상대적으로 하락한 원화가치에 의하여 우리나라의 수입수요는 감소한다. 환율의 상승에 따라서 우리나라가 수입하는 재화의 원화표시가격이 상승하므로 우리나라에서 수입이 감소한다.

따라서 우리나라의 수출은 증가하고 수입은 감소한다. 수출과 수입에 의하여 발생하는 외환의 흐름은 외환공급의 증가와 외환수요의 감소로 나타난다.

11 ｜2014년 서울시 7급｜

한 나라에서 자본도피가 일어나면 환율과 순수출은 어떻게 변하는가?

① 환율은 평가절상되고 순수출은 증가한다.
② 환율은 평가절상되고 순수출은 감소한다.
③ 환율은 평가절하되고 순수출은 증가한다.
④ 환율은 평가절하되고 순수출은 감소한다.
⑤ 환율과 순수출 모두 변하지 않는다.

출제이슈 ゛환율변화의 원인과 효과
핵심해설 ゛정답 ③

자본도피에는 여러 가지 이유가 있는데 예를 들어서 국내 경제의 불확실성이 높아지면 국내에 들어와 있던 외국자본이 해외로 유출될 수 있다. 이 경우 자본유출에 따라서 외환공급이 감소하고 동시에 불확실성에 따라 보다 안정적인 외환에 대한 수요가 증가하게 되면서 환율은 상승한다.

원/달러 환율의 상승은 달러의 가치가 상승하고 상대적으로 원화의 가치가 하락함을 의미한다.

상대적으로 커진 달러가치에 의하여 외국의 수입수요는 증가한다. 환율의 상승에 따라서 우리나라가 수출하는 재화의 달러표시가격이 하락하므로 외국에서 수입이 증가한다. 이는 우리나라의 수출 증가를 의미한다.

반대로 상대적으로 하락한 원화가치에 의하여 우리나라의 수입수요는 감소한다. 환율의 상승에 따라서 우리나라가 수입하는 재화의 원화표시가격이 상승하므로 우리나라에서 수입이 감소한다.

따라서 우리나라의 수출은 증가하고 수입은 감소한다. 수출과 수입에 의하여 발생하는 외환의 흐름은 외환공급의 증가와 외환수요의 감소로 나타난다.

12 [2019년 서울시 7급]

변동환율제도를 채택한 개방경제에서, 〈보기〉 중 이 경제의 통화가치를 하락시키는(환율 상승) 경우를 모두 고른 것은?

〈보기〉

ㄱ. 원유 수입액의 감소
ㄴ. 반도체 수출액의 증가
ㄷ. 외국인의 국내주식 투자 위축
ㄹ. 자국 은행의 해외대출 증가

① ㄱ, ㄷ　　　　　　② ㄱ, ㄹ
③ ㄴ, ㄷ　　　　　　④ ㄷ, ㄹ

출제이슈 환율변화의 원인
핵심해설 정답 ④

설문을 검토하면 다음과 같다.

ㄱ. 원유 수입액의 감소
원유 수입액이 줄어들면 외환의 수요가 줄어들게 되어 환율이 하락한다.

ㄴ. 반도체 수출액의 증가
반도체 수출액이 증가하면 외환의 공급이 증가하게 되어 환율이 하락한다.

ㄷ. 외국인의 국내주식 투자 위축
외국인의 국내주식 투자가 위축되면, 외환의 공급이 감소하게 되어 환율이 상승한다.

ㄹ. 자국 은행의 해외대출 증가
자국 은행의 해외대출이 증가하면 해외로 자본이 유출되어 환율이 상승한다.

따라서 환율이 상승하는 경우는 "ㄷ"과 "ㄹ"이다.

13 2012년 지방직 7급

한국과 미국의 실질환율은 불변이나 미국보다 한국의 인플레이션율이 더 높아지는 경우 명목환율에 대한 설명으로 옳은 것은? (단, 다른 조건은 일정하다)

① 원/달러 명목환율이 하락한다.
② 원/달러 명목환율이 상승한다.
③ 원/달러 명목환율은 변화가 없다.
④ 원/달러 명목환율은 변화를 예측할 수 없다.

출제이슈 실질환율의 개념과 변화
핵심해설 정답 ②

1) 실질환율의 개념

명목환율은 자국통화와 외국통화의 교환비율로서 이는 외국화폐 1단위와 교환되는 자국화폐의 양으로 표시할 수 있다. 쉽게 말하면 외국화폐의 가격이 명목환율이다. 구매력 평가설에 의하면, 명목환율은 양국의 물가수준에 의하여 결정된다.

그러나 현실에서 환율은 양국의 구매력을 충분히 반영하지 못하는 경우가 많다. 따라서 양국의 구매력의 차이를 나타내는 척도가 필요한데 이를 실질환율이라고 하며, 자국상품과 외국상품의 교환비율을 의미한다. 실질환율은 외국상품 1단위와 교환되는 자국상품의 양으로서 $q = \dfrac{e\,P^*}{P}$ 로 표시할 수 있다.

실질환율은 외국재화의 자국재화에 대한 상대가격으로서 실질환율의 상승은 외국재화의 상대가격이 상승하는 것이고 실질환율의 하락은 외국재화의 상대가격이 하락하는 것이다. 따라서 실질환율은 자국재화의 수출경쟁력을 의미하며, 높을수록 수출경쟁력이 높다.

2) 실질환율의 변화

실질환율은 $q = \dfrac{e\,P^*}{P}$ 이며 이를 변화율로 표시하면, $\hat{q} = \hat{e} + \widehat{P^*} - \widehat{P}$ 가 된다.

이를 해석하면 다음과 같다.
먼저 명목환율이 상승하면 실질환율은 상승한다. 자국의 물가수준이 내려가더라도 자국의 명목환율이 같은 비율로 하락한다면 실질환율은 불변이다. 즉, 자국의 물가수준이 내려가도 수출경쟁력이 강화되는 것은 아니고 불변인 것이다. 한편 자국의 물가수준이 오르더라도 자국의 명목환율이 같은 비율로 상승한다면 실질환율은 불변이다. 즉, 자국의 물가수준이 올라도 수출경쟁력이 악화되는 것은 아니고 불변인 것이다.

3) 위의 내용에 따라서 설문을 분석하면 다음과 같다.

설문에서 한국과 미국의 실질환율은 불변이나 미국보다 한국의 인플레이션율이 더 높아지는 경우는 $\hat{q} = \hat{e} + \widehat{P^*} - \widehat{P}$ 의 식에서 실질변화율은 0이고 $\widehat{P^*} - \widehat{P}$ 가 음수임을 의미한다. 따라서 명목환율의 변화율 $\hat{e}$ 는 양수가 되어야 하므로 명목환율은 상승해야 한다.

14 | 2014년 지방직 7급

우리나라와 미국의 인플레이션율이 각각 5%와 4%로 예상되고, 미국 달러화대비 원화 가치가 6% 상승할 것으로 예상된다. 이때 한국 재화로 표시한 미국 재화의 가치인 실질환율의 변동은?

① 7% 하락
② 5% 상승
③ 6% 하락
④ 6% 상승

출제이슈 실질환율의 개념과 변화
핵심해설 정답 ①

명목환율은 자국통화와 외국통화의 교환비율로서 이는 외국화폐 1단위와 교환되는 자국화폐의 양으로 표시할 수 있다. 쉽게 말하면 외국화폐의 가격이 명목환율이다. 구매력 평가설에 의하면, 명목환율은 양국의 물가수준에 의하여 결정된다.

그러나 현실에서 환율은 양국의 구매력을 충분히 반영하지 못하는 경우가 많다. 따라서 양국의 구매력의 차이를 나타내는 척도가 필요한데 이를 실질환율이라고 하며, 자국상품과 외국상품의 교환비율을 의미한다. 실질환율은 외국상품 1단위와 교환되는 자국상품의 양으로서 $q = \dfrac{e P^*}{P}$ 로 표시할 수 있다. 이를 변화율로 표시하면, $\hat{q} = \hat{e} + \widehat{P^*} - \hat{P}$ 가 된다.

설문에서 주어진 자료를 위의 산식에 대입하면 다음과 같다.
미국 달러화대비 원화 가치가 6% 상승한다는 것은 명목환율이 6% 하락함을 의미한다.
따라서 실질환율의 변화율은 $\hat{q} = \hat{e} + \widehat{P^*} - \hat{P}$ = −6% + 4% − 5% = −7%가 된다.

15 2020년 지방직 7급

미국산 연필은 1달러, 중국산 연필은 2위안, 미국과 중국의 화폐 교환비율은 1달러당 5위안이다. 이 때 미국 연필당 중국 연필로 표시되는 실질환율은? (단, 미국산 연필과 중국산 연필은 완벽하게 동일하다)

① 0.1

② 0.4

③ 2.5

④ 10

출제이슈 실질환율의 계산

핵심해설 정답 ③

명목환율은 자국통화와 외국통화의 교환비율로서 이는 외국화폐 1단위와 교환되는 자국화폐의 양으로 표시할 수 있다. 쉽게 말하면 외국화폐의 가격이 명목환율이다. 구매력 평가설에 의하면, 명목환율은 양국의 물가수준에 의하여 결정된다.

그러나 현실에서 환율은 양국의 구매력을 충분히 반영하지 못하는 경우가 많다. 따라서 양국의 구매력의 차이를 나타내는 척도가 필요한데 이를 실질환율이라고 하며, 자국상품과 외국상품의 교환비율을 의미한다. 실질환율은 외국상품 1단위와 교환되는 자국상품의 양으로서 $q = \dfrac{e\,P^*}{P}$ 로 표시할 수 있다.

실질환율은 외국재화의 자국재화에 대한 상대가격으로서 실질환율의 상승은 외국재화의 상대가격이 상승하는 것이고 실질환율의 하락은 외국재화의 상대가격이 하락하는 것이다. 따라서 실질환율은 자국 재화의 수출경쟁력을 의미하며, 높을수록 수출경쟁력이 높다.

설문에서 주어진 자료를 위의 산식에 대입하면 다음과 같다.

설문에서 구해야 하는 실질환율은 미국산 연필 1단위의 중국산 연필로 표시한 상대가격이다.

실질환율은 $q = \dfrac{e\,P^*}{P} = \dfrac{5 \times 1}{2} = 2.5$ 가 된다. 즉, 미국산 연필 1단위는 중국산 연필 2.5단위와 교환되며, 이는 미국산 연필 1단위의 중국산 연필로 표시한 실질가격이다.

ISSUE 문제 📝

16 2015년 국가직 9급

다음 ㉠, ㉡에 들어갈 내용으로 옳은 것은?

> 원/달러 환율 상승이 순수출을 증가시키기 위해서는 수출과 수입의 가격탄력성의 합이 (㉠)
> 보다 커야 하고, 이를 (㉡)이라고 한다.

	㉠	㉡
①	0	구매력 평가설
②	1	구매력 평가설
③	0	마샬 － 러너 조건
④	1	마샬 － 러너 조건

출제이슈 마샬 － 러너 조건
핵심해설 정답 ④

1) 환율 상승에 따른 수출금액의 변화

환율을 반영하여 수출함수를 나타내면 다음과 같다.

$X = X(\dfrac{P}{e})$, e : 환율, $\dfrac{P}{e}$: 외국화폐로 표시한 수출재화 가격

환율 상승 시 외국화폐로 표시된 수출재화가격이 하락하므로 외국에서 수출수요가 증가한다. 환율 상승 시 총수출금액은 수출재화가격 하락과 이에 따른 수출수요 증가에 의해 결정된다. 만일 수출재화가격 하락효과보다 수출수요 증가가 큰 경우에는 총수출금액이 증가한다.

2) 환율 상승에 따른 수입금액의 변화

환율을 반영하여 수입함수를 나타내면 다음과 같다.

$M = M(e \cdot P^{*})$, e : 환율, eP^{*} : 자국화폐로 표시한 수입재화 가격

환율 상승 시 자국화폐로 표시된 수입재화가격이 상승하므로 자국에서 수입수요가 감소한다. 환율 상승 시 총수입금액은 수입재화가격 상승과 이에 따른 수입수요 감소에 의해 결정된다. 만일 수입재 재화가격 상승효과보다 수입수요 감소가 큰 경우에는 총수입금액이 감소한다.

3) 환율 상승에 따른 경상수지의 변화와 마샬 － 러너 조건

환율 상승에 따른 경상수지의 변화는 환율 상승에 따른 수출금액의 변화와 수입금액의 변화를 모두 고려해야 한다. 마샬 － 러너 조건에 의하면 환율 상승 시 경상수지가 개선되기 위해서 외국의 수입수요탄력성(외국의 자국수출재에 대한 수요탄력성)과 자국의 수입수요탄력성의 합이 1보다 더 커야 한다.

2020 지7	2018 지7	2018 국9	2017 국7	2016 국7	2015 국9
2013 지7	2013 국9	2012 국9	2011 지7	2011 국9	

1 일물일가의 법칙

무역에 따른 규제, 운송비, 각종 거래비용 등이 없는 상황에서 가격이 신축적인 경우, 국가 간에 무역이 완전히 자유롭다면, 동일한 재화에 대한 자국의 가격과 외국의 가격이 같아지는 일물일가의 법칙이 성립한다.

2 절대적 구매력 평가설

1) 의의

만일 모든 재화에 대하여 일물일가의 법칙이 성립한다면, 자국과 외국 모두 소비패턴이 동일하고 모든 재화에 대한 가중치가 동일한 경우 환율은 양국의 물가 즉 구매력에 의해서 결정된다. 이를 구매력 평가설이라고 한다.

2) 절대적 구매력 평가설에 의한 환율

① 환율 $e = \dfrac{P}{P^*}$, 즉 자국물가와 외국물가의 비율이 된다.

② 환율 $e = \dfrac{1/P^*}{1/P}$ 로서 외국화폐의 구매력과 자국화폐의 구매력의 비율이 된다.

3) 절대적 구매력 평가설과 실질환율

① 실질환율은 자국상품과 외국상품의 교환비율이므로 외국상품 1단위와 교환되는 자국상품의 양을 의미하며 실질환율은 $q = \dfrac{e P^*}{P}$ 로 표시할 수 있다.

② 즉, 구매력 평가설이 성립하면, 실질환율이 1이 됨을 알 수 있다.

3 상대적 구매력 평가설

1) 의의

구매력 평가설을 현실적으로 적용해보면, 반드시 절대적 구매력 평가설이 성립하지는 않더라도 양국의 물가와 환율 사이에 일정한 관계가 성립할 수 있다. 양국의 물가상승률과 환율상승률 간의 일정한 관계를 상대적 구매력 평가설이라고 한다.

2) 산식

① 환율 $e = \dfrac{P}{P^*}$ 을 증가율 형태로 변화시킨다.

② $\hat{e} = \hat{P} - \widehat{P^*}$ 이 된다(환율상승률 = 자국의 물가상승률 − 외국의 물가상승률).

③ 자국의 인플레이션이 외국보다 높으면, 자국화폐가치가 하락하여 환율이 상승한다.

ISSUE 문제 📝

01 2013년 지방직 7급

환율 결정 이론 중 구매력 평가(Purchasing Power Parity)이론에 대한 설명으로 옳은 것은?

① 환율은 두 국가의 이자율 수준의 비율에 의해 결정된다.
② 환율은 두 국가의 물가수준의 비율에 의해 결정된다.
③ 환율은 두 국가의 사이의 교역량에 의해 결정된다.
④ 환율은 두 국가의 사이의 자본거래량에 의해 결정된다.

출제이슈 구매력 평가설
핵심해설 정답 ②

무역에 따른 규제, 운송비, 각종 거래비용 등이 없는 상황에서 가격이 신축적인 경우, 국가 간에 무역이 완전히 자유롭다면, 동일한 재화에 대한 자국의 가격과 외국의 가격이 같아지는 일물일가의 법칙이 성립한다.

만일 모든 재화에 대하여 일물일가의 법칙이 성립한다면, 자국과 외국 모두 소비패턴이 동일하고 모든 재화에 대한 가중치가 동일한 경우 환율은 양국의 물가 즉 구매력에 의해서 결정된다. 이를 구매력 평가설이라고 한다.

구매력 평가설에 의하면 환율 $e = \dfrac{P}{P^*}$, 즉 자국물가와 외국물가의 비율이 된다.

혹은 $e = \dfrac{1/P^*}{1/P} = \dfrac{외국화폐의\ 구매력}{자국화폐의\ 구매력}$ 이 된다.

따라서 ②가 옳은 내용이다. 구매력 평가설에 의하면 환율은 두 국가의 물가수준의 비율에 의해 결정된다.

한편, 실질환율은 자국상품과 외국상품의 교환비율이므로 외국상품 1단위와 교환되는 자국상품의 양을 의미하며 실질환율은 $q = \dfrac{eP^*}{P}$ 로 표시할 수 있다. 즉, 구매력 평가설이 성립하면, 실질환율이 1이 됨을 알 수 있다.

02 2011년 국가직 9급

커피전문 다국적 기업에서 공급하는 A커피가 동일한 품질과 양으로 우리나라에서는 3,000원에 미국에서는 1.5달러에 판매되고 있을 경우 구매력 평가설(purchasing-power parity)에 기초한 1달러당 원화의 환율은?

① 500원   ② 1,000원

③ 1,500원   ④ 2,000원

출제이슈 구매력 평가설

핵심해설 정답 ④

무역에 따른 규제, 운송비, 각종 거래비용 등이 없는 상황에서 가격이 신축적인 경우, 국가 간에 무역이 완전히 자유롭다면, 동일한 재화에 대한 자국의 가격과 외국의 가격이 같아지는 일물일가의 법칙이 성립한다.

만일 모든 재화에 대하여 일물일가의 법칙이 성립한다면, 자국과 외국 모두 소비패턴이 동일하고 모든 재화에 대한 가중치가 동일한 경우 환율은 양국의 물가 즉 구매력에 의해서 결정된다. 이를 구매력 평가설이라고 한다.

구매력 평가설에 의하면 환율 $e = \dfrac{P}{P^*}$, 즉 자국물가와 외국물가의 비율이 된다.

혹은 $e = \dfrac{1/P^*}{1/P} = \dfrac{\text{외국화폐의 구매력}}{\text{자국화폐의 구매력}}$ 이 된다.

설문에서 커피전문 다국적 기업에서 공급하는 A커피가 동일한 품질과 양으로 우리나라에서는 3,000원에 미국에서는 1.5달러에 판매되고 있을 경우, 구매력 평가설(purchasing-power parity)에 기초한 1달러당 원화의 환율은 다음과 계산된다.

$$e = \frac{P}{P^*} = \frac{3,000\text{원}}{1.5\text{달러}} = 2,000\text{원}$$

03 | 2018년 국가직 9급

다음 A, B, C에 들어갈 내용으로 옳은 것은?

> 구매력 평가(purchasing power parity)에 의하면 국내가격(P) = 해외가격(P^*)×환율(E)이
> 성립한다. 이때 환율은 외환의 구매력 (A)와 원화의 구매력 (B)의 비율, 즉 $E = (A)/(B)$로
> 표시된다. 한편 실질환율은 (C)로 정의된다.

① $A = 1/P^*, B = 1/P, C = (E \times P)/P^*$

② $A = 1/P^*, B = 1/P, C = (E \times P^*)/P$

③ $A = P^*, B = P, C = (E \times P)/P^*$

④ $A = P^*, B = P, C = (E \times P^*)/P$

출제이슈 구매력 평가설과 실질환율
핵심해설 정답 ②

무역에 따른 규제, 운송비, 각종 거래비용 등이 없는 상황에서 가격이 신축적인 경우, 국가 간에 무역이 완전히 자유롭다면,
동일한 재화에 대한 자국의 가격과 외국의 가격이 같아지는 일물일가의 법칙이 성립한다.

만일 모든 재화에 대하여 일물일가의 법칙이 성립한다면, 자국과 외국 모두 소비패턴이 동일하고 모든 재화에 대한 가중치가
동일한 경우 환율은 양국의 물가 즉 구매력에 의해서 결정된다. 이를 구매력 평가설이라고 한다.

구매력 평가설에 의하면 환율 $e = \dfrac{P}{P^*}$, 즉 자국물가와 외국물가의 비율이 된다.

혹은 $e = \dfrac{1/P^*}{1/P} = \dfrac{외국화폐의 구매력}{자국화폐의 구매력}$ 이 된다.

설문에서 환율은 $E = \dfrac{P}{P^*} = \dfrac{외환의 구매력\ A}{원화의 구매력\ B}$와 같이 표현되고 있다.

따라서 외환의 구매력은 $A = \dfrac{1}{P^*}$ 이고 원화의 구매력은 $B = \dfrac{1}{P}$ 이 된다.

한편, 실질환율은 자국상품과 외국상품의 교환비율이므로 외국상품 1단위와 교환되는 자국상품의 양을 의미하며 실질환율
은 $q = \dfrac{eP^*}{P}$ 로 표시할 수 있다. 따라서 구매력 평가설이 성립하면, 실질환율이 1이 됨을 알 수 있다.

04 2018년 지방직 7급

다음 제시문의 ⊙ ~ ⓒ에 들어갈 용어를 바르게 연결한 것은?

> 구매력 평가이론(Purchasing Power Parity theory)은 양국의 화폐 1단위의 구매력이 같도록 환율이 결정된다는 것이다. 구매력 평가이론에 따르면 양국 통화의 (⊙)은 양국의 (ⓒ)에 따라 결정되며, 구매력 평가이론이 성립하면 (ⓒ)은 불변이다.

	⊙	ⓒ	ⓒ
①	실질환율	경상수지	명목환율
②	명목환율	경상수지	실질환율
③	명목환율	물가수준	실질환율
④	실질환율	물가수준	명목환율

출제이슈 구매력 평가설과 실질환율
핵심해설 정답 ③

무역에 따른 규제, 운송비, 각종 거래비용 등이 없는 상황에서 가격이 신축적인 경우, 국가 간에 무역이 완전히 자유롭다면, 동일한 재화에 대한 자국의 가격과 외국의 가격이 같아지는 일물일가의 법칙이 성립한다.

만일 모든 재화에 대하여 일물일가의 법칙이 성립한다면, 자국과 외국 모두 소비패턴이 동일하고 모든 재화에 대한 가중치가 동일한 경우 환율은 양국의 물가 즉 구매력에 의해서 결정된다. 이를 구매력 평가설이라고 한다.

구매력 평가설에 의하면 환율 $e = \dfrac{P}{P^*}$, 즉 자국물가와 외국물가의 비율이 된다.

혹은 $e = \dfrac{1/P^*}{1/P} = \dfrac{외국화폐의\ 구매력}{자국화폐의\ 구매력}$ 이 된다.

한편, 실질환율은 자국상품과 외국상품의 교환비율이므로 외국상품 1단위와 교환되는 자국상품의 양을 의미하며 실질환율은 $q = \dfrac{e\,P^*}{P}$ 로 표시할 수 있다. 따라서 구매력 평가설이 성립하면, 실질환율이 1이 됨을 알 수 있다.

설문에서 구매력 평가이론에 따르면 양국 통화의 (⊙ 명목환율)은 양국의 (ⓒ 물가수준)에 따라 결정되며 구매력 평가이론이 성립하면 (ⓒ 실질환율)은 1로써 불변이다.

05 `2012년 국가직 9급`

다음 ㉠, ㉡, ㉢에 들어갈 용어로 적합한 것은?

> 구매력 평가이론(purchasing power parity theory)은 모든 나라의 통화 한 단위의 구매력이
> 같도록 환율이 결정되어야 한다는 것이다. 구매력 평가이론에 따르면 양국 통화의 (㉠)은
> 양국의 (㉡)에 의해 결정되며, 구매력 평가이론이 성립하면 (㉢)은 불변이다.

	㉠	㉡	㉢
①	실질환율	경상수지	명목환율
②	명목환율	경상수지	실질환율
③	실질환율	물가수준	명목환율
④	명목환율	물가수준	실질환율

출제이슈 구매력 평가설과 실질환율

핵심해설 정답 ④

무역에 따른 규제, 운송비, 각종 거래비용 등이 없는 상황에서 가격이 신축적인 경우, 국가 간에 무역이 완전히 자유롭다면,
동일한 재화에 대한 자국의 가격과 외국의 가격이 같아지는 일물일가의 법칙이 성립한다.

만일 모든 재화에 대하여 일물일가의 법칙이 성립한다면, 자국과 외국 모두 소비패턴이 동일하고 모든 재화에 대한 가중치가
동일한 경우 환율은 양국의 물가 즉 구매력에 의해서 결정된다. 이를 구매력 평가설이라고 한다.

구매력 평가설에 의하면 환율 $e = \dfrac{P}{P^*}$, 즉 자국물가와 외국물가의 비율이 된다.

혹은 $e = \dfrac{1/P^*}{1/P} = \dfrac{외국화폐의\ 구매력}{자국화폐의\ 구매력}$ 이 된다.

한편, 실질환율은 자국상품과 외국상품의 교환비율이므로 외국상품 1단위와 교환되는 자국상품의 양을 의미하며 실질환율
은 $q = \dfrac{e\,P^*}{P}$ 로 표시할 수 있다. 따라서 구매력 평가설이 성립하면, 실질환율이 1이 됨을 알 수 있다.

설문에서 구매력 평가이론에 따르면 양국 통화의 (㉠ 명목환율)은 양국의 (㉡ 물가수준)에 따라 결정되며 구매력 평가이론이
성립하면 (㉢ 실질환율)은 1로써 불변이다.

06 2011년 지방직 7급

㉠ ~ ㉢에 들어갈 말을 바르게 나열한 것은?

> 구매력 평가이론(purchasing power parity theory)은 모든 나라의 통화 1단위의 구매력이 같도록 환율이 결정되어야 한다는 것이다. 구매력 평가이론에 따르면 양국통화의 (㉠)은 양국의 (㉡)에 의해 결정되며, 구매력 평가이론이 성립하면 (㉢)은 불변이다.

	㉠	㉡	㉢
①	실질환율	경상수지	명목환율
②	명목환율	경상수지	실질환율
③	실질환율	물가수준	명목환율
④	명목환율	물가수준	실질환율

출제이슈 구매력 평가설과 실질환율
핵심해설 정답 ④

무역에 따른 규제, 운송비, 각종 거래비용 등이 없는 상황에서 가격이 신축적인 경우, 국가 간에 무역이 완전히 자유롭다면, 동일한 재화에 대한 자국의 가격과 외국의 가격이 같아지는 일물일가의 법칙이 성립한다.

만일 모든 재화에 대하여 일물일가의 법칙이 성립한다면, 자국과 외국 모두 소비패턴이 동일하고 모든 재화에 대한 가중치가 동일한 경우 환율은 양국의 물가 즉 구매력에 의해서 결정된다. 이를 구매력 평가설이라고 한다.

구매력 평가설에 의하면 환율 $e = \dfrac{P}{P^*}$, 즉 자국물가와 외국물가의 비율이 된다.

혹은 $e = \dfrac{1/P^*}{1/P} = \dfrac{외국화폐의\ 구매력}{자국화폐의\ 구매력}$ 이 된다.

한편, 실질환율은 자국상품과 외국상품의 교환비율이므로 외국상품 1단위와 교환되는 자국상품의 양을 의미하며 실질환율은 $q = \dfrac{e\,P^*}{P}$ 로 표시할 수 있다. 따라서 구매력 평가설이 성립하면, 실질환율이 1이 됨을 알 수 있다.

설문에서 구매력 평가이론에 따르면 양국 통화의 (㉠ 명목환율)은 양국의 (㉡ 물가수준)에 따라 결정되며 구매력 평가이론이 성립하면 (㉢ 실질환율)은 1로써 불변이다.

07 2016년 국가직 7급

환율결정이론 중 구매력 평가(Purchasing Power Parity)이론에 대한 설명으로 옳지 않은 것은?

① 경제에서 비교역재의 비중이 큰 나라 간의 환율을 설명하는 데에는 적합하지 않다.
② 두 나라 화폐 간의 명목환율은 두 나라의 물가수준에 의해 결정된다고 설명한다.
③ 장기보다는 단기적인 환율의 움직임을 잘 예측한다는 평가를 받는다.
④ 동질적인 물건의 가격은 어디에서나 같아야 한다는 일물일가의 법칙을 국제시장에 적용한 것이다.

출제이슈 구매력 평가설
핵심해설 정답 ③

무역에 따른 규제, 운송비, 각종 거래비용 등이 없는 상황에서 가격이 신축적인 경우, 국가 간에 무역이 완전히 자유롭다면, 동일한 재화에 대한 자국의 가격과 외국의 가격이 같아지는 일물일가의 법칙이 성립한다.

만일 모든 재화에 대하여 일물일가의 법칙이 성립한다면, 자국과 외국 모두 소비패턴이 동일하고 모든 재화에 대한 가중치가 동일한 경우 환율은 양국의 물가 즉 구매력에 의해서 결정된다. 이를 구매력 평가설이라고 한다.

구매력 평가설에 의하면 환율 $e = \dfrac{P}{P^*}$, 즉 자국물가와 외국물가의 비율이 된다.

혹은 $e = \dfrac{1/P^*}{1/P} = \dfrac{\text{외국화폐의 구매력}}{\text{자국화폐의 구매력}}$ 이 된다.

한편, 실질환율은 자국상품과 외국상품의 교환비율이므로 외국상품 1단위와 교환되는 자국상품의 양을 의미하며 실질환율은 $q = \dfrac{e P^*}{P}$ 로 표시할 수 있다. 따라서 구매력 평가설이 성립하면, 실질환율이 1이 됨을 알 수 있다.

설문을 검토하면 다음과 같다.

① 옳은 내용이다.
무역에 따른 규제, 운송비, 각종 거래비용 등이 없는 상황에서 가격이 신축적인 경우, 국가 간에 무역이 완전히 자유롭다면, 동일한 재화에 대한 자국의 가격과 외국의 가격이 같아지는 일물일가의 법칙이 성립한다. 만일 모든 재화에 대하여 일물일가의 법칙이 성립한다면, 자국과 외국 모두 소비패턴이 동일하고 모든 재화에 대한 가중치가 동일한 경우 환율은 양국의 물가 즉 구매력에 의해서 결정된다.

따라서 구매력 평가설에서 상정하는 경제는 국가 간에 무역이 자유롭고 고려하는 재화가 교역의 대상이 되어야 하는 것이다. 따라서 경제에서 비교역재의 비중이 큰 나라 간의 환율을 설명하는 데에는 적합하지 않다.

② 옳은 내용이다.

구매력 평가설에 의하면 환율 $e = \dfrac{P}{P^*}$, 즉 자국물가와 외국물가의 비율이 된다.

혹은 $e = \dfrac{1/P^*}{1/P} = \dfrac{\text{외국화폐의 구매력}}{\text{자국화폐의 구매력}}$ 이 된다.

③ 틀린 내용이다.
구매력 평가설은 무역에 따른 규제, 운송비, 각종 거래비용 등이 없는 상황에서 가격이 신축적인 경우를 상정하고 있다. 물가가 신축적인 경우는 장기에 해당하며 따라서 구매력 평가설은 장기에 있어서 환율결정에 적합한 이론이다.

④ 옳은 내용이다.
구매력 평가설은 국가 간 일물일가의 법칙이 성립할 때 자국과 외국 모두 소비패턴이 동일하고 모든 재화에 대한 가중치가 동일한 경우 환율은 양국의 물가 즉 구매력에 의해서 결정된다는 이론이다.

구매력 평가설의 전제가 되는 국가 간 일물일가의 법칙은 무역에 따른 규제, 운송비, 각종 거래비용 등이 없는 상황에서 가격이 신축적인 경우, 국가 간에 무역이 완전히 자유롭다면, 동일한 재화에 대한 자국의 가격과 외국의 가격이 같아지는 것으로서 이는 동질적인 물건의 가격은 어디에서나 같아야 한다는 일물일가의 법칙을 국제시장에 적용한 것이다.

08 2015년 국가직 9급

구매력 평가(purchasing power parity)에 대한 설명으로 옳지 않은 것은?

① 일물일가의 법칙이 성립함을 전제한다.
② 절대구매력 평가가 성립하면 실질환율의 값이 1이다.
③ 환율의 장기적 추세보다는 단기적 변동을 더 잘 설명한다.
④ 생산물 중 비교역재의 비중이 높아질수록 구매력 평가가 성립하기 어렵다.

출제이슈 구매력 평가설
핵심해설 정답 ③

무역에 따른 규제, 운송비, 각종 거래비용 등이 없는 상황에서 가격이 신축적인 경우, 국가 간에 무역이 완전히 자유롭다면, 동일한 재화에 대한 자국의 가격과 외국의 가격이 같아지는 일물일가의 법칙이 성립한다.

만일 모든 재화에 대하여 일물일가의 법칙이 성립한다면, 자국과 외국 모두 소비패턴이 동일하고 모든 재화에 대한 가중치가 동일한 경우 환율은 양국의 물가 즉 구매력에 의해서 결정된다. 이를 구매력 평가설이라고 한다.

설문을 검토하면 다음과 같다.

① 옳은 내용이다.
구매력 평가설은 국가 간 일물일가의 법칙이 성립할 때 자국과 외국 모두 소비패턴이 동일하고 모든 재화에 대한 가중치가 동일한 경우 환율은 양국의 물가 즉 구매력에 의해서 결정된다는 이론이다.

구매력 평가설의 전제가 되는 국가 간 일물일가의 법칙은 무역에 따른 규제, 운송비, 각종 거래비용 등이 없는 상황에서 가격이 신축적인 경우, 국가 간에 무역이 완전히 자유롭다면, 동일한 재화에 대한 자국의 가격과 외국의 가격이 같아지는 것으로서 이는 동질적인 물건의 가격은 어디에서나 같아야 한다는 일물일가의 법칙을 국제시장에 적용한 것이다.

② 옳은 내용이다.
구매력 평가설에 의하면 환율 $e = \dfrac{P}{P^*}$, 즉 자국물가와 외국물가의 비율이 된다.

혹은 $e = \dfrac{1/P^*}{1/P} = \dfrac{외국화폐의\ 구매력}{자국화폐의\ 구매력}$ 이 된다.

한편, 실질환율은 자국상품과 외국상품의 교환비율이므로 외국상품 1단위와 교환되는 자국상품의 양을 의미하며 실질환율은 $q = \dfrac{eP^*}{P}$ 로 표시할 수 있다. 따라서 구매력 평가설이 성립하면, 실질환율이 1이 됨을 알 수 있다.

③ 틀린 내용이다.
구매력 평가설은 무역에 따른 규제, 운송비, 각종 거래비용 등이 없는 상황에서 가격이 신축적인 경우를 상정하고 있다. 물가가 신축적인 경우는 장기에 해당하며 따라서 구매력 평가설은 장기에 있어서 환율결정에 적합한 이론이다.

④ 옳은 내용이다.

무역에 따른 규제, 운송비, 각종 거래비용 등이 없는 상황에서 가격이 신축적인 경우, 국가 간에 무역이 완전히 자유롭다면, 동일한 재화에 대한 자국의 가격과 외국의 가격이 같아지는 일물일가의 법칙이 성립한다. 만일 모든 재화에 대하여 일물일가의 법칙이 성립한다면, 자국과 외국 모두 소비패턴이 동일하고 모든 재화에 대한 가중치가 동일한 경우 환율은 양국의 물가 즉 구매력에 의해서 결정된다.

따라서 구매력 평가설에서 상정하는 경제는 국가 간에 무역이 자유롭고 고려하는 재화가 교역의 대상이 되어야 하는 것이다. 따라서 경제에서 비교역재의 비중이 큰 나라 간의 환율을 설명하는 데에는 적합하지 않다. 이는 생산물 중 비교역재의 비중이 높아질수록 구매력 평가가 성립하기 어려움을 의미한다.

09 2013년 국가직 9급

환율 결정에 대한 설명으로 옳지 않은 것은?

① 구매력 평가설에 따르면 명목환율은 두 교역 상대국의 물가수준에 따라 결정된다.
② 구매력 평가설은 일물일가의 법칙(law of one price)에 입각한 것이다.
③ 구매력 평가설에 따르면 실질환율은 두 나라의 물가수준을 반영하여 변화한다.
④ A국의 통화량이 증가하면 자국의 물가가 상대적으로 상승하여 A국의 화폐 가치는 상대국의 화폐 가치에 비해 하락한다.

출제이슈 구매력 평가설
핵심해설 정답 ③

무역에 따른 규제, 운송비, 각종 거래비용 등이 없는 상황에서 가격이 신축적인 경우, 국가 간에 무역이 완전히 자유롭다면, 동일한 재화에 대한 자국의 가격과 외국의 가격이 같아지는 일물일가의 법칙이 성립한다.

만일 모든 재화에 대하여 일물일가의 법칙이 성립한다면(지문 ②), 자국과 외국 모두 소비패턴이 동일하고 모든 재화에 대한 가중치가 동일한 경우 환율은 양국의 물가(지문 ①) 즉 구매력에 의해서 결정된다. 이를 구매력 평가설이라고 한다.

구매력 평가설에 의하면 환율 $e = \dfrac{P}{P^*}$, 즉 자국물가와 외국물가의 비율이 된다.

혹은 $e = \dfrac{1/P^*}{1/P} = \dfrac{외국화폐의 구매력}{자국화폐의 구매력}$ 이 된다.

한편, 실질환율은 자국상품과 외국상품의 교환비율이므로 외국상품 1단위와 교환되는 자국상품의 양을 의미하며 실질환율은 $q = \dfrac{e\,P^*}{P}$ 로 표시할 수 있다. 따라서 구매력 평가설이 성립하면, 실질환율이 1이 됨을 알 수 있다. 실질환율은 1로써 불변이며 변화하지 않는다(지문 ③).

만일 A국의 통화량이 증가하면 자국의 물가는 상승한다. 물가 상승으로 인해서 화폐의 구매력 즉, 화폐의 가치는 하락하게 된다(지문 ④). 이 경우 명목환율은 상승한다.

10 2017년 국가직 7급

다음 표는 각국의 시장환율과 빅맥가격을 나타낸다. 빅맥가격으로 구한 구매력 평가 환율을 사용할 경우, 옳은 것은? (단, 시장환율의 달러는 '1달러 당 각국 화폐'로 표시되며, 빅맥가격의 단위는 '각국화폐'로 표시된다)

국가 (화폐단위)	시장환율	빅맥가격
미국(달러)	1	5
브라질(헤알)	2	12
한국(원)	1,000	4,000
중국(위안)	6	18
러시아(루블)	90	90

① 브라질의 화폐가치는 구매력 평가 환율로 평가 시 시장환율 대비 고평가된다.
② 한국의 화폐가치는 구매력 평가 환율로 평가 시 시장환율 대비 저평가된다.
③ 중국의 화폐가치는 구매력 평가 환율로 평가 시 시장환율 대비 고평가된다.
④ 러시아의 화폐가치는 구매력 평가 환율로 평가 시 시장환율 대비 저평가된다.

출제이슈 구매력 평가설
핵심해설 정답 ③

구매력 평가설에 의하면 환율 $e = \dfrac{P}{P^*}$, 즉 자국물가와 외국물가의 비율이 된다.

설문에서 주어진 빅맥가격은 각국에서 판매되고 있는 빅맥의 국별 가격을 의미한다.
동일한 빅맥이 미국에서는 5달러, 브라질에서는 12헤알, 한국에서는 4,000원, 중국에서는 18위안, 러시아에서는 90루블로 판매되고 있다.

빅맥가격을 이용하여 구매력 평가설에 의한 환율을 구하면 $e = \dfrac{P}{P^*}$ 와 같이 구할 수 있다.

이때 환율은 1달러를 각국의 화폐로 표현한 것을 의미한다.

국가(화폐단위)	시장환율	빅맥환율		시장환율과 빅맥환율 비교	
		빅맥가격	빅맥환율		
미국(달러)	1	5	1		
브라질(헤알)	2	12	12/5 = 2.4	시장환율 < 빅맥환율	시장환율 대비 저평가
한국(원)	1,000	4,000	4,000/5 = 800	시장환율 > 빅맥환율	시장환율 대비 고평가
중국(위안)	6	18	18/5 = 3.6	시장환율 > 빅맥환율	시장환율 대비 고평가
러시아(루블)	90	90	50/5 = 10	시장환율 > 빅맥환율	시장환율 대비 고평가

따라서 브라질의 경우 시장환율보다 빅맥환율이 더 높음을 알 수 있다. 이는 달러가치가 빅맥환율에 의하여는 고평가되고 있으며 상대적으로 각국통화가치는 저평가되고 있음을 의미한다.

한국, 중국, 러시아의 경우 시장환율보다는 빅맥환율이 더 낮음을 알 수 있다. 이는 달러가치가 빅맥환율에 의하여는 저평가되고 있으며 상대적으로 각국통화가치는 고평가되고 있음을 의미한다.

11 2020년 지방직 7급

교역재인 자동차와 비교역재인 돌봄서비스만을 생산하는 갑국과 을국의 생산량과 가격은 다음과 같다. 이에 대한 설명으로 옳지 않은 것은? (단, 교역재와 비교역재를 모두 포함한 표준적 소비바구니(consumption basket)는 자동차 1대와 돌봄서비스 10회로 구성된다)

구분 / 국가	자동차		돌봄서비스	
	1인당 생산량(대)	가격	1인당 생산량(회)	가격
갑	10	10	100	2
을	1	10	10	1

① 교역재만을 대상으로 한 갑국 통화와 을국 통화의 교환비율은 1 : 1이다.

② 표준적 소비바구니를 대상으로 한 구매력 평가(purchasing power parity) 반영 환율은 갑국 통화 3단위에 대해 을국 통화 2단위이다.

③ 교역재만을 대상으로 한 환율을 적용하면 을국 1인당 GDP는 갑국 1인당 GDP의 $\frac{1}{10}$ 이다.

④ 표준적 소비바구니를 대상으로 한 구매력 평가 반영 환율을 적용하면 을국 1인당 GDP는 갑국 1인당 GDP의 $\frac{1}{10}$ 이다.

출제이슈 구매력 평가설

핵심해설 정답 ③

① 옳은 내용이다.

교역재인 자동차 가격을 이용하여 구매력 평가설에 의한 환율을 구하면 $e = \dfrac{P}{P^*} = \dfrac{갑국\ 자동차\ 가격}{을국\ 자동차\ 가격}$ 인데 양국 간 자동차 가격이 10으로 동일하므로 환율은 1이 된다. 환율이 1이라는 것은 갑국 통화와 을국 통화의 교환비율이 1이라는 것을 의미한다.

② 옳은 내용이다.

표준적 소비바구니를 이용하여 구매력 평가설에 의한 환율을 구하면 $e = \dfrac{P}{P^*} = \dfrac{갑국\ 표준\ 소비바구니\ 가격}{을국\ 표준\ 소비바구니\ 가격}$ 인데 이를 구하면, 아래와 같이 $e = \dfrac{30}{20} = 1.5$ 가 된다.

갑국의 표준 소비바구니는 자동차 1대와 돌봄서비스 10회이므로 그 가격은 (자동차 1대×10) + (돌봄서비스 10회×2) = 30이 된다.

을국의 표준 소비바구니도 자동차 1대와 돌봄서비스 10회이므로 그 가격은 (자동차 1대 × 10) + (돌봄서비스 10회 × 1) = 20이 된다.

따라서 환율이 1.5이기 때문에 을국 통화 1단위에 대하여 갑국 통화가 1.5단위 교환됨을 의미한다. 설문과 같이 을국 통화 2단위에 대하여 갑국 통화 3단위가 교환되는 것도 옳은 내용이다.

③ 틀린 내용이다.
먼저 갑국과 을국의 1인당 GDP를 구하면 다음과 같다.

갑국의 1인당 GDP는 (자동차 10대 × 10) + (돌봄서비스 100회 × 2) = 300이 된다.
을국의 1인당 GDP는 (자동차 1대 × 10) + (돌봄서비스 10회 × 1) = 20이 된다.

그런데 이는 각국의 화폐단위로 표시되어 있으므로 환율을 적용해야 화폐단위 통일이 가능하다. 다만, 앞에서 교역재만을 대상으로 한 환율이 1이므로 단위에 따른 문제는 없다.

따라서 을국의 1인당 GDP 20은 갑국의 1인당 GDP 300에 비추어 $\dfrac{1}{15}$ 수준임을 알 수 있다.

④ 옳은 내용이다.
만일 표준적 소비바구니를 대상으로 한 구매력 평가 반영 환율인 1.5를 적용하면 다음과 같다.

갑국의 1인당 GDP는 (자동차 10대 × 10) + (돌봄서비스 100회 × 2) = 300이 된다.
을국의 1인당 GDP는 (자동차 1대 × 10) + (돌봄서비스 10회 × 1) = 20에 1.5를 곱한 30이 된다.

따라서 을국의 1인당 GDP 20은 갑국의 1인당 GDP 300에 비추어 $\dfrac{1}{10}$ 수준임을 알 수 있다.

환율결정이론 – 2. 이자율 평가설

1 의의

국가 간에 자본이동이 완전히 자유롭다면, 자국의 원화예금수익률(투자수익률)과 외국의 외화예금 수익률(투자수익률)이 같아지는데 이를 이자율 평형 혹은 이자율 평가라고 한다. 이는 재화시장의 일물일가의 법칙이 국제금융시장에 적용된 것으로 볼 수 있다.

2 이자율 평가설

① 이자율 평가설에 의하면, 이자율 평가가 성립하여 양국의 기대예금수익률이 같아질 때, 더 이상 재정차익거래가 불가능하게 되어 외환시장 균형이 달성되고 환율이 결정된다. 이자율 평가가 성립하면 $i = i^* + \dfrac{e^e - e}{e}$ (i : 자국이자율, i^* : 외국이자율, e^e : 예상환율상승률)가 성립한다.

② 특히, 위의 이자율 평가는 외국의 외화예금기대수익률에 예상환율상승률이 포함되어 있어서 위험을 내포하고 있다. 따라서 유위험 이자율 평가라고도 한다.

3 커버된 이자율 평가설

① 위험을 내포하고 있는 경우 선물환율을 이용하여 위험을 제거할 수 있다. 이와 같이 이자율 평가에 선물환율을 사용하여 양국의 기대수익률이 동일해지는 것을 무위험 이자율 평가 혹은 커버된 이자율 평가라고 한다.

② 따라서 무위험 이자율 평가식은 예상환율상승률 대신에 선물환율을 사용하므로 $i = i^* + \dfrac{F - S}{S}$ (단, F: 선물환율, S: 현물환율)와 같이 표현된다.

4 피셔방정식, 구매력 평가설, 이자율 평가설 간의 관계

1) 피셔방정식

① $i = r + \pi^e$ (i^* : 명목이자율, r^* : 실질이자율, π^e : 예상물가상승률)

② 외국을 고려하면 $i^* = r^* + \pi^{e^*}$ (i^* : 명목이자율, r^* : 실질이자율, π^{e^*} : 예상물가상승률)

③ 자국과 외국을 동시에 고려하면, $(i - i^*) = (r - r^*) + (\pi - \pi^{e^*})$ 가 된다.

2) 구매력 평가설

① $e = \dfrac{P}{P^*}$ 이며 이를 변화율 형태로 바꾸면 $\hat{e} = \widehat{P} - \widehat{P^*} = \pi - \pi^*$ 가 된다.

② 여기에 예상을 고려하면 $\widehat{e^e} = \widehat{P^e} - \widehat{P^{e^*}} = \pi^e - \pi^{e^*}$ 이므로 $\widehat{e^e} = \pi^e - \pi^{e^*}$ 가 된다.

3) 이자율 평가설

① $i = i^* + \dfrac{e^e - e}{e}$ 이므로 $i - i^* = \dfrac{e^e - e}{e}$ 가 된다.

② $i - i^* = \dfrac{e^e - e}{e}$ 은 예상환율상승률이므로 $i - i^* = \widehat{e^e}$ 가 된다.

4) 위의 식을 정리하면 다음과 같다.

① 피셔방정식: $(i - i^*) = (r - r^*) + (\pi^e - \pi^{e^*})$

② 구매력 평가설: $\widehat{e^e} = \pi^e - \pi^{e^*}$

③ 이자율 평가설: $i - i^* = \widehat{e^e}$

②와 ③을 ①에 대입하면 $\widehat{e^e} = (r - r^*) + \widehat{e^e}$ 가 된다. 따라서 $r = r^*$ 가 된다.

5) 결론적으로 피셔방정식, 구매력 평가설, 이자율 평가설이 성립하는 경우 양국의 실질이자율은 동일하게 된다.

ISSUE **문제** 📝

01 2015년 국가직 7급

현재 한국과 미국의 연간 이자율이 각각 4%와 2%이고, 1년 후의 예상환율이 1,122원/달러이다. 양국 간에 이자율 평형조건(interest parity condition)이 성립하기 위한 현재 환율은?

① 1,090원/달러   ② 1,100원/달러

③ 1,110원/달러   ④ 1,120원/달러

출제이슈 이자율 평가설
핵심해설 정답 ②

국가 간에 자본이동이 완전히 자유롭다면, 자국의 원화예금수익률(투자수익률)과 외국의 외화예금수익률(투자수익률)이 같아지는데 이를 이자율 평형 혹은 이자율 평가라고 한다. 이는 재화시장의 일물일가의 법칙이 국제금융시장에 적용된 것으로 볼 수 있다.

이자율 평가설에 의하면, 이자율 평가가 성립하여 양국의 기대예금수익률이 같아질 때, 더 이상 재정차익거래가 불가능하게 되어 외환시장 균형이 달성되고 환율이 결정된다. 이자율 평가가 성립하면 $i = i^* + \dfrac{e^e - e}{e}$ 가 성립한다.

특히, 위의 이자율 평가는 외국의 외화예금기대수익률에 예상환율상승률이 포함되어 있어서 위험을 내포하고 있다. 따라서 유위험 이자율 평가라고도 한다.

설문에서 현재 한국과 미국의 연간 이자율이 각각 4%와 2%이고, 1년 후의 예상 환율이 1,122원/달러이다. 이를 이자율 평형 조건식 $i = i^* + \dfrac{e^e - e}{e}$ 에 대입하면 다음과 같다.

$0.04 = 0.02 + \dfrac{1,122 - e}{e}$ 가 되고, $e = 1,100$이 된다.

02 [2019년 지방직 7급]

투자자들이 위험에 대하여 중립적인 경우, 현재 환율이 1달러당 1,000원이고, 1년 만기 채권의 이자율이 미국에서는 1%, 우리나라에서는 2%일 때, 국가 간 자금이 이동하지 않을 조건에 해당하는 것은?

① 우리나라의 이자율이 1년 후 1%로 하락한다.
② 투자자가 1년 후 환율이 1달러당 1,010원이 될 것으로 예상한다.
③ 미국의 이자율이 1년 후 2%로 상승한다.
④ 투자자가 1년 후에도 환율이 1달러당 1,000원으로 유지될 것으로 예상한다.

출제이슈 이자율 평가설
핵심해설 정답 ②

국가 간에 자본이동이 완전히 자유롭다면, 자국의 원화예금수익률(투자수익률)과 외국의 외화예금수익률(투자수익률)이 같아지는데 이를 이자율 평형 혹은 이자율 평가라고 한다. 이는 재화시장의 일물일가의 법칙이 국제금융시장에 적용된 것으로 볼 수 있다.

이자율 평가설에 의하면, 이자율 평가가 성립하여 양국의 기대예금수익률이 같아질 때, 더 이상 재정차익거래가 불가능하게 되어 외환시장 균형이 달성되고 환율이 결정된다. 이자율 평가가 성립하면 $i = i^* + \dfrac{e^e - e}{e}$ 가 성립한다.

특히, 위의 이자율 평가는 외국의 외화예금기대수익률에 예상환율상승률이 포함되어 있어서 위험을 내포하고 있다. 따라서 유위험 이자율 평가라고도 한다.

설문에서 현재 한국과 미국의 연간 이자율이 각각 2%와 1%이고, 현재환율이 1,000원/달러이다. 이를 이자율 평형조건식 $i = i^* + \dfrac{e^e - e}{e}$ 에 대입하면 다음과 같다.

$0.02 = 0.01 + \dfrac{e^e - 1,000}{1,000}$ 이 되고, $e^e = 1,010$ 이 된다.

03 2015년 지방직 7급

현재 환율은 1달러 당 1,000원이고, 미국의 연간 이자율은 5%이다. 내년 환율이 1달러 당 1,020원으로 변동할 것으로 예상된다. 이자율 평형설이 성립한다고 가정할 때, 원 − 달러 환율시장의 균형을 달성시키는 국내이자율(%)은?

① 5   ② 7
③ 9   ④ 10

출제이슈 이자율 평가설
핵심해설 정답 ②

국가 간에 자본이동이 완전히 자유롭다면, 자국의 원화예금수익률(투자수익률)과 외국의 외화예금수익률(투자수익률)이 같아지는데 이를 이자율 평형 혹은 이자율 평가라고 한다. 이는 재화시장의 일물일가의 법칙이 국제금융시장에 적용된 것으로 볼 수 있다.

이자율 평가설에 의하면, 이자율 평가가 성립하여 양국의 기대예금수익률이 같아질 때, 더 이상 재정차익거래가 불가능하게 되어 외환시장 균형이 달성되고 환율이 결정된다. 이자율 평가가 성립하면 $i = i^* + \dfrac{e^e - e}{e}$ 가 성립한다.

특히, 위의 이자율 평가는 외국의 외화예금기대수익률에 예상환율상승률이 포함되어 있어서 위험을 내포하고 있다. 따라서 유위험 이자율 평가라고도 한다.

설문에서 현재 미국의 연간 이자율이 5%이고, 현재환율은 1,000원/달러이다. 그리고 내년 환율이 1달러 당 1,020원으로 변동할 것으로 예상된다. 이를 이자율 평형조건식 $i = i^* + \dfrac{e^e - e}{e}$ 에 대입하면 다음과 같다.

$r = 0.05 + \dfrac{1,020 - 1,000}{1,000}$ 이 되고, $r = 0.07$ 이 된다.

04 2016년 국가직 9급

현재 미국의 1년 만기 채권의 연 수익률이 4%이고, 환율은 1,000원/$이며, 채권 만기 시 예상 환율은 1,030원/$이다. 유위험 이자율 평가(uncovered interest rate parity)가 성립하고 다른 조건은 변화가 없다고 할 때, 현재 한국의 1년 만기 채권의 연 수익률에 가장 가까운 값은?

① 4% ② 7%

③ 10% ④ 12%

출제이슈 유위험 이자율 평가

핵심해설 정답 ②

국가 간에 자본이동이 완전히 자유롭다면, 자국의 원화예금수익률(투자수익률)과 외국의 외화예금수익률(투자수익률)이 같아지는데 이를 이자율 평형 혹은 이자율 평가라고 한다. 이는 재화시장의 일물일가의 법칙이 국제금융시장에 적용된 것으로 볼 수 있다.

이자율 평가설에 의하면, 이자율 평가가 성립하여 양국의 기대예금수익률이 같아질 때, 더 이상 재정차익거래가 불가능하게 되어 외환시장 균형이 달성되고 환율이 결정된다. 이자율 평가가 성립하면 $i = i^* + \dfrac{e^e - e}{e}$ 가 성립한다.

특히, 위의 이자율 평가는 외국의 외화예금기대수익률에 예상환율상승률이 포함되어 있어서 위험을 내포하고 있다. 따라서 유위험 이자율 평가라고도 한다.

설문에서 현재 미국의 연간 이자율이 4%이고, 현재환율은 1,000원/달러이다. 그리고 채권 만기 시 예상 환율이 1달러 당 1,030원이다. 이를 이자율 평형조건식 $i = i^* + \dfrac{e^e - e}{e}$ 에 대입하면 다음과 같다.

따라서 $r = 0.04 + \dfrac{1,030 - 1,000}{1,000}$ 이 되고, $r = 0.07$ 이 된다.

05 · 2010년 지방직 7급

F국 통화 1단위는 H국 통화 105단위이며, H국의 연 이자율은 10%이고, F국의 연 이자율은 5%이다. 무위험이자율평가이론(Covered Interest Parity)이 성립할 때, F국 통화 1단위에 대한 1년 기준 선도환율(Forward Exchange Rate)은? (단, H국과 F국 간의 통화거래에는 아무런 제약조건이 없다)

① H국 통화 90단위 ② H국 통화 100단위
③ H국 통화 110단위 ④ H국 통화 120단위

출제이슈 무위험 이자율 평가
핵심해설 정답 ③

국가 간에 자본이동이 완전히 자유롭다면, 자국의 원화예금수익률(투자수익률)과 외국의 외화예금수익률(투자수익률)이 같아지는데 이를 이자율 평형 혹은 이자율 평가라고 한다. 이는 재화시장의 일물일가의 법칙이 국제금융시장에 적용된 것으로 볼 수 있다.

이자율 평가설에 의하면, 이자율 평가가 성립하여 양국의 기대예금수익률이 같아질 때, 더 이상 재정차익거래가 불가능하게 되어 외환시장 균형이 달성되고 환율이 결정된다. 이자율 평가가 성립하면 $i = i^* + \dfrac{e^e - e}{e}$ 가 성립한다.

특히, 위의 이자율 평가는 외국의 외화예금기대수익률에 예상환율상승률이 포함되어 있어서 위험을 내포하고 있다. 따라서 유위험 이자율 평가라고도 한다.

한편, 위험을 내포하고 있는 경우 선물환율을 이용하여 위험을 제거할 수 있다. 이와 같이 이자율 평가에 선물환율을 사용하여 양국의 기대수익률이 동일해지는 것을 무위험 이자율 평가 혹은 커버된 이자율 평가라고 한다.

따라서 무위험 이자율 평가식은 예상환율상승률 대신에 선물환율을 사용하므로 $i = i^* + \dfrac{F - S}{S}$ (단, F: 선물환율, S: 현물환율)와 같이 표현된다.

설문에서 현재 H국의 이자율이 10%이고, F국의 이자율은 5%이다. F국 통화1단위는 H국 통화 105단위라고 하였으므로 현재환율은 105이다. 이를 이자율 평형조건식 $r = r^* + \dfrac{e^e - e}{e}$ 에 대입하면 다음과 같다.

따라서 $0.1 = 0.05 + \dfrac{F - 105}{105}$ 가 되고, $F = 1.05 \times 105 = 110.25$ 가 된다.

이를 해석하면, 선물환율로서 F국의 통화는 H국의 통화 110.25단위와 교환된다는 의미이다.

06 2012년 국가직 9급

다음과 같은 상황에서 1년 후 100엔당 원화의 환율 수준은?

일식우동집을 운영하는 갑은 은행에서 운영 자금 100만 원을 1년간 빌리기로 했다. 원화로 대출받으면 1년 동안의 대출금리가 21%인 반면, 동일한 금액을 엔화로 대출받으면 대출금리는 10%이지만 대출금은 반드시 엔화로 상환해야 한다. 한편, 일식우동집을 1년 동안 운영할 경우에 기대되는 수익은 150만 원이며, 현재 원화와 엔화 사이의 환율은 100엔당 1,000원이다. 단, 갑은 두 대출 조건이 동일하다고 생각한다.

① 1,000원/100엔　　　② 1,100원/100엔
③ 1,200원/100엔　　　④ 1,250원/100엔

출제이슈 이자율 평가설
핵심해설 정답 ②

국가 간에 자본이동이 완전히 자유롭다면, 자국의 원화예금수익률(투자수익률)과 외국의 외화예금수익률(투자수익률)이 같아지는데 이를 이자율 평형 혹은 이자율 평가라고 한다. 이는 재화시장의 일물일가의 법칙이 국제금융시장에 적용된 것으로 볼 수 있다.

이자율 평가설에 의하면, 이자율 평가가 성립하여 양국의 기대예금수익률이 같아질 때, 더 이상 재정차익거래가 불가능하게 되어 외환시장 균형이 달성되고 환율이 결정된다. 이자율 평가가 성립하면 $i = i^* + \dfrac{e^e - e}{e}$ 가 성립한다.

설문에서는 자국 원화예금수익률(투자수익률)과 외국 외화예금수익률(투자수익률) 대신에 대출이자율로 주어졌으며 이자율 평가에 있어서는 같은 의미임에 유의하자.

따라서 $i = i^* + \dfrac{e^e - e}{e}$ 에 대입하면 다음과 같다.

$0.21 = 0.1 + \dfrac{e^e - 10}{10}$ 가 되므로 $e^e = 11.1$ 이 된다. 이는 100엔이 1,110원임을 의미한다. 선택지 중에서 가장 가까운 환율은 1,100원이 된다.

참고로 이자율 평형조건식이 도출되는 과정을 이용하여 다음과 같이 문제를 풀 수도 있다.

1) 원화 대출 시 1년 후 상환금액
현재 100만 원을 대출이자율 연 21%로 대출받아서 1년 후 121만 원을 상환하면 된다.

제2편

2) 엔화 대출 시 1년 후 상환금액

현재 100만 원을 엔화로 대출받기 위해서는 환율 100엔당 1,000원을 적용하면, 10만엔을 대출받아야 한다. 따라서 현재 10만 엔을 대출이자율 연 10%로 대출받아서 1년 후에 11만 엔을 상환하면 된다. 그런데 1년 후에 11만 엔을 상환하기 위해서는 11만 엔을 예상환율로 환산한 원화금액이 필요하다. 그 금액을 계산하면 $110,000 \times e^e$가 된다. e^e는 1년 후에 예상되는 100엔에 대한 원화가격의 비율로서 쉽게 말하면 1엔의 원화가격이 된다.

3) 대출조건의 동일성

갑은 두 대출 조건이 동일하다고 생각하기 때문에 원화로 대출하든지 엔화로 대출하든지 동일한 상환금액이어야 한다. 따라서 원화로 대출 시 상환금액은 121만 원, 엔화로 대출시 상환금액은 $110,000 \times e^e$ 원이 되고 이 둘은 동일하여야 한다.

따라서 $110,000 \times e^e = 1,210,000$ 이므로 $e^e = \dfrac{1,210}{110} = \dfrac{1,210 \times \dfrac{100}{110}}{110 \times \dfrac{100}{110}} = \dfrac{1,100}{100}$ 이 된다.

즉, 100엔당 1,100원의 환율이 될 것으로 예상된다.

07 [2018년 지방직 7급]

다음 자료의 내용과 부합하는, A씨의 1년 후 예상 환율은?

A씨는 은행에서 운영 자금 100만 원을 1년간 빌리기로 했다. 원화로 대출받으면 1년 동안의 대출 금리가 21%인 반면, 동일한 금액을 엔화로 대출받으면 대출 금리는 10%이지만 대출금은 반드시 엔화로 상환해야 한다. 현재 원화와 엔화 사이의 환율은 100엔당 1,000원이고, A씨는 두 대출 조건이 같다고 생각한다.

① 1,000원/100엔   ② 1,100원/100엔

③ 1,200원/100엔   ④ 1,250원/100엔

출제이슈 이자율 평가설
핵심해설 정답 ②

국가 간에 자본이동이 완전히 자유롭다면, 자국의 원화예금수익률(투자수익률)과 외국의 외화예금수익률(투자수익률)이 같아지는데 이를 이자율 평형 혹은 이자율 평가라고 한다. 이는 재화시장의 일물일가의 법칙이 국제금융시장에 적용된 것으로 볼 수 있다.

이자율 평가설에 의하면, 이자율 평가가 성립하여 양국의 기대예금수익률이 같아질 때, 더 이상 재정차익거래가 불가능하게 되어 외환시장 균형이 달성되고 환율이 결정된다. 이자율 평가가 성립하면 $i = i^* + \dfrac{e^e - e}{e}$ 가 성립한다.

설문에서는 자국 원화예금수익률(투자수익률)과 외국 외화예금수익률(투자수익률) 대신에 대출이자율로 주어졌으며 이자율 평가에 있어서는 같은 의미임에 유의하자.

따라서 $i = i^* + \dfrac{e^e - e}{e}$ 에 대입하면 다음과 같다.

$0.21 = 0.1 + \dfrac{e^e - 10}{10}$ 가 되므로 $e^e = 11.1$ 이 된다. 이는 100엔이 1,110원임을 의미한다. 선택지 중에서 가장 가까운 환율은 1,100원이 된다.

참고로 이자율 평형조건식이 도출되는 과정을 이용하여 다음과 같이 문제를 풀 수도 있다.

1) 원화 대출 시 1년 후 상환금액
현재 100만원을 대출이자율 연 21%로 대출받아서 1년 후 121만 원을 상환하면 된다.

2) 엔화 대출 시 1년 후 상환금액
현재 100만 원을 엔화로 대출받기 위해서는 환율 100엔당 1,000원을 적용하면, 10만엔을 대출받아야 한다. 따라서 현재 10만 엔을 대출이자율 연 10%로 대출받아서 1년 후에 11만 엔을 상환하면 된다. 그런데 1년 후에 11만 엔을 상환하기 위해서는 11만 엔을 예상환율로 환산한 원화금액이 필요하다. 그 금액을 계산하면 $110,000 \times e^e$ 가 된다. e^e 는 1년 후에 예상되는 100엔에 대한 원화가격의 비율로서 쉽게 말하면 1엔의 원화가격이 된다.

3) 대출조건의 동일성

A씨는 두 대출 조건이 동일하다고 생각하기 때문에 원화로 대출하든지 엔화로 대출하든지 동일한 상환금액이어야 한다.

따라서 원화로 대출 시 상환금액은 121만 원, 엔화로 대출시 상환금액은 $110,000 \times e^e$ 원이 되고 이 둘은 동일하여야 한다.

따라서 $110,000 \times e^e = 1,210,000$ 이므로 $e^e = \dfrac{1,210}{110} = \dfrac{1,210 \times \dfrac{100}{110}}{110 \times \dfrac{100}{110}} = \dfrac{1,100}{100}$ 이 된다.

즉, 100엔당 1,100원의 환율이 될 것으로 예상된다.

08 2020년 지방 7급

이자율 평가설(interest rate parity theory)에 대한 설명으로 옳은 것은? (단, 환율은 외국통화 1단위에 대한 자국통화의 교환비율이다)

① 외국의 명목이자율과 기대환율이 고정되었을 때 자국의 명목이자율이 증가하면 환율은 상승한다.
② 외국의 명목이자율과 자국의 명목이자율이 고정되었을 때 기대환율이 증가하면 외국통화의 가치가 상승한다.
③ 양국의 생산물시장에서 동일한 상품을 동일한 가격에 구매할 수 있도록 환율이 결정된다.
④ 이자율 평가설이 성립하면 실질이자율은 항상 1이다.

출제이슈 이자율 평가설과 구매력 평가설
핵심해설 정답 ②

① 틀린 내용이다.
이자율 평가설에 의하면, 이자율 평가가 성립하여 양국의 기대예금수익률이 같아질 때, 더 이상 재정차익거래가 불가능하게 되어 외환시장 균형이 달성되고 환율이 결정된다. 이자율 평가가 성립하면 $i = i^* + \dfrac{e^e - e}{e}$ 가 성립한다. 따라서 외국의 명목이자율과 기대환율이 고정되었을 때 자국의 명목이자율과 환율의 역의 관계에 있다. 자국의 명목이자율이 상승하면 환율은 하락한다.

② 옳은 내용이다.
이자율 평형조건식 $i = i^* + \dfrac{e^e - e}{e}$ 을 변형하면 $\dfrac{e^e}{e} = i - i^* + 1$ 이 된다.

따라서 외국의 명목이자율과 자국의 명목이자율이 고정되었을 때 기대환율이 증가하면 현재환율이 상승함을 의미한다. 따라서 이는 외국통화의 가치가 상승하는 것과 같은 의미이다.

③ 틀린 내용이다.
양국의 생산물시장에서 동일한 상품을 동일한 가격에 구매할 수 있도록 환율이 결정된다는 것은 이자율 평가가 아니라 구매력 평가에 대한 설명이다.

④ 틀린 내용이다.
이자율 평가설이 성립한다고 해서 항상 실질이자율이 1인 것은 아니다.

참고로 ④와 유사한 지문이 될 수 있는 것으로는 다음과 같은 것들이 있다.

구매력 평가설과 이자율 평가설이 성립하면 양국간 실질이자율은 동일하다. 구매력 평가설이 성립하면 실질환율이 1이 된다.

09 2011년 국가직 7급

구매력 평가설과 이자율 평가설이 성립한다고 가정한다. 한국과 미국의 명목이자율이 각각 5%, 6% 이며, 한국의 P상 물가상승률이 3%일 경우 옳지 않은 것은?

① 미국의 예상 물가상승률은 4%이다.
② 달러에 대한 원화의 실질환율은 상승한다.
③ 한국과 미국의 실질이자율은 동일하다.
④ 원/달러 환율은 1% 하락할 것으로 예상된다.

출제이슈 피셔방정식, 구매력 평가설, 이자율 평가설
핵심해설 정답 ②

먼저 피셔방정식, 구매력 평가설, 이자율 평가설에 대한 관계를 잘 알고 있어야 한다.

1) 피셔방정식

$i = r + \pi^e$ (i : 명목이자율, r : 실질이자율, π^e : 예상물가상승률)

외국을 고려하면 다음과 같다.

$i^* = r^* + \pi^{e^*}$ (i^* : 명목이자율, r^* : 실질이자율, π^{e^*} : 예상물가상승률)

이제 자국과 외국을 동시에 고려하면 다음과 같다.

$(i - i^*) = (r - r^*) + (\pi - \pi^{e^*})$ 가 된다.

2) 구매력 평가설

① $e = \dfrac{P}{P^*}$ 이며 이를 변화율 형태로 바꾸면 $\hat{e} = \hat{P} - \hat{P^*} = \pi - \pi^*$ 가 된다.

② 여기에 예상을 고려하면 $\hat{e^e} = \hat{P^e} - \hat{P^{e^*}} = \pi^e - \pi^{e^*}$ 이므로 $\hat{e^e} = \pi^e - \pi^{e^*}$ 가 된다.

3) 이자율 평가설

$i = i^* + \dfrac{e^e - e}{e}$ 이므로 $i - i^* = \dfrac{e^e - e}{e}$ 가 된다. $i - i^* = \dfrac{e^e - e}{e}$ 은 예상환율상승률이므로 $i - i^* = \hat{e^e}$ 가 된다.

4) 위의 식을 정리하면 다음과 같다.

① 피셔방정식 $(i - i^*) = (r - r^*) + (\pi^e - \pi^{e^*})$
② 구매력 평가설 $\hat{e^e} = \pi^e - \pi^{e^*}$
③ 이자율 평가설 $i - i^* = \hat{e^e}$
②와 ③을 ①에 대입하면 $\hat{e^e} = (r - r^*) + \hat{e^e}$ 가 된다. 따라서 $r = r^*$ 가 된다.

5) 결론적으로 피셔방정식, 구매력 평가설, 이자율 평가설이 성립하는 경우 양국의 실질이자율은 동일하게 된다.

이세 설문을 검토하면 다음과 같다.

먼저 ③부터 검토하자. 위에서 본 것처럼 한국과 미국의 실질이자율은 동일하다. 따라서 옳은 내용이다.

④ 옳은 내용이다.

위의 식에서 $i - i^* = \hat{e^e}$ 이므로 예상환율상승률은 자국과 외국의 명목이자율의 차이가 된다. 한국과 미국의 명목이자율이 각각 5%, 6%이므로 환율은 1% 하락할 것으로 예상된다.

① 옳은 내용이다.

한국의 명목이자율이 5%이고, 한국의 물가상승률은 3%이므로 피셔방정식에 따라서 한국의 실질이자율은 2%가 된다. 그리고 위의 도출에 의하면, 한국의 실질이자율과 미국의 실질이자율은 동일하므로 미국의 실질이자율도 2%가 된다. 이를 다시 피셔방정식에 대입하면 미국의 명목이자율이 6%이고 미국의 실질이자율은 2%이므로 미국의 예상물가상승률은 4%가 된다.

② 틀린 내용이다.

구매력 평가설에 의하면 실질환율은 1이며 불변이다.

이를 피셔방정식, 구매력 평가설, 이자율 평가설의 식들을 이용하여 다시 확인해보자.

실질환율은 $q = \dfrac{eP^*}{P}$ 이며 이를 변화율로 표시하면, $\hat{q} = \hat{e} + \widehat{P^*} - \widehat{P} = \hat{e} + \pi^* - \pi$ 가 된다.

앞에서 피셔방정식은 $(i - i^*) = (r - r^*) + (\pi^e - \pi^{e^*})$ 인데 양국 간 실질이자율이 동일하므로 결국 $(i - i^*) = (\pi^e - \pi^{e^*})$ 가 되며 $(\pi^{e^*} - \pi^e)$ 는 1%가 된다.

그리고 앞에서의 환율변화율은 $\hat{e} = -1\%$ 였다.

따라서 $(\pi - \pi^*) = 0.01$, $\hat{e} = -0.01$ 을 실질환율의 변화율 $\hat{q} = \hat{e} + \pi^* - \pi$ 에 모두 대입하면 $\hat{q} = \hat{e} + \pi^* - \pi = 0$ 가 된다. 따라서 실질환율은 불변임을 다시 한번 확인할 수 있다.

제2편

10 2017년 서울시 7급

A국의 명목이자율이 6%이고 B국의 명목이자율이 4%라고 하자. 양국의 실질이자율이 동일하고 구매력 평가설이 적용된다고 할 때, 피셔방정식을 이용한 다음 설명 중 가장 옳은 것은?

① A국의 기대인플레이션이 B국의 기대인플레이션보다 2%p 더 높고, A국의 통화가치는 B국의 통화에 비해 2% 떨어질 것으로 기대된다.

② A국의 기대인플레이션이 B국의 기대인플레이션보다 2%p 더 높고, A국의 통화가치는 B국의 통화에 비해 2% 올라갈 것으로 기대된다.

③ A국의 기대인플레이션이 B국의 기대인플레이션보다 2%p 더 낮고, A국의 통화가치는 B국의 통화에 비해 2% 올라갈 것으로 기대된다.

④ A국의 기대인플레이션이 B국의 기대인플레이션보다 2%p 더 낮고, A국의 통화가치는 B국의 통화에 비해 2% 떨어질 것으로 기대된다.

출제이슈 피셔방정식, 구매력 평가설, 이자율 평가설
핵심해설 정답 ①

먼저 피셔방정식, 구매력 평가설, 이자율 평가설에 대한 관계를 잘 알고 있어야 한다.

1) 피셔방정식

$i = r + \pi^e$ (i : 명목이자율, r : 실질이자율, π^e : 예상물가상승률)

외국을 고려하면 다음과 같다.

$i^* = r^* + \pi^{e^*}$ (i^* : 명목이자율, r^* : 실질이자율, π^{e^*} : 예상물가상승률)

이제 자국과 외국을 동시에 고려하면 다음과 같다.

$(i - i^*) = (r - r^*) + (\pi - \pi^{e^*})$ 가 된다.

2) 구매력 평가설

① $e = \dfrac{P}{P^*}$ 이며 이를 변화율 형태로 바꾸면 $\hat{e} = \hat{P} - \hat{P^*} = \pi - \pi^*$ 가 된다.

② 여기에 예상을 고려하면 $\widehat{e^e} = \widehat{P^e} - \widehat{P^{e^*}} = \pi^e - \pi^{e^*}$ 이므로 $\widehat{e^e} = \pi^e - \pi^{e^*}$ 가 된다.

3) 이자율 평가설

$i = i^* + \dfrac{e^e - e}{e}$ 이므로 $i - i^* = \dfrac{e^e - e}{e}$ 가 된다. $i - i^* = \dfrac{e^e - e}{e}$ 은 예상환율상승률이므로 $i - i^* = \widehat{e^e}$ 가 된다.

4) 위의 식을 정리하면 다음과 같다.

① 피셔방정식 $(i - i^*) = (r - r^*) + (\pi^e - \pi^{e^*})$

② 구매력 평가설 $\widehat{e^e} = \pi^e - \pi^{e^*}$

③ 이자율 평가설 $i - i^* = \widehat{e^e}$

②와 ③을 ①에 대입하면 $\widehat{e^e} = (r - r^*) + \widehat{e^e}$ 가 된다. 따라서 $r = r^*$ 가 된다.

5) 결론적으로 피셔방정식, 구매력 평가설, 이자율 평가설이 성립하는 경우 양국의 실질이자율은 동일하게 된다.

이제 설문을 검토하면 다음과 같다.

설문에서 구매력 평가설이 성립하고 양국의 실질이자율이 동일하다고 하였으므로 이는 사실상 앞에서처럼 이자율 평가설이 성립하고 있음을 의미한다.

그리고 A국의 명목이자율이 6%이고 B국의 명목이자율이 4%라고 하였으므로
$(i - i^*) = (r - r^*) + (\pi^e - \pi^{e^*})$ 에서 $(\pi^e - \pi^{e^*}) = 0.06 - 0.04 = 0.02$ 가 된다.

따라서 A국의 인플레이션은 B국의 인플레이션율보다 2%p 더 높다.

또 구매력 평가설이 $\widehat{e^e} = \pi^{e^*} - \pi^e$ 임을 고려하면 $\widehat{e^e} = \pi^{e^*} - \pi^e = 0.02$ 가 된다.
따라서 환율은 2% 상승할 것으로 예상되므로 A국의 통화가치가 2% 하락할 것으로 예상된다.

2019 지7 | 2017 국7 | 2017 지7 | 2017 서7 | 2016 국7 | 2015 서7

2015 국9 | 2012 지7 | 2011 국7 | 2011 지7 | 2010 지7

1 고정환율제도에서 재정정책의 효과

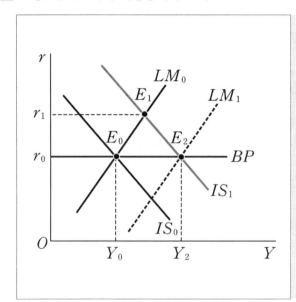

① **최초균형**: E_0, 국내금리 = 국제금리 = r_0
② **확대재정정책**: $IS_0 \to IS_1$
③ **대내균형**: $E_0 \to E_1$
　(이자율 상승, 소득 증가)
④ **대외불균형**: 국내금리 $r_1 >$ 국제금리 r_0
⑤ 자본 유입, 국제수지 흑자, 환율 하락 압력
⑥ 고정환율을 유지하기 위해 외환시장에 개입
⑦ 외환매입, 자국통화매도, 국내통화량 증가
⑧ $LM_0 \to LM_1$ 으로 이동하며, 이자율 하락
⑨ LM의 이동은 국내금리가 높은 한은 계속, 국제수지(BP)가 균형이 될 때까지 계속
⑩ 새균형 E_2는 국민소득 증가, 이자율 불변

2 고정환율제도에서 통화정책의 효과

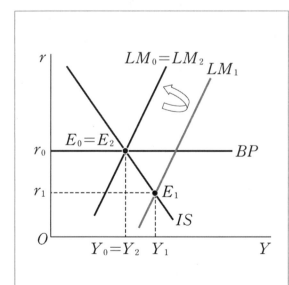

① **최초균형**: E_0, 국내금리 = 국제금리 = r_0
② **확대통화정책**: $LM_0 \to LM_1$
③ **대내균형**: $E_0 \to E_1$
　(이자율 하락, 소득 증가)
④ **대외불균형**: 국내금리 $r_1 <$ 국제금리 r_0
⑤ 자본 유출, 국제수지 적자, 환율 상승 압력
⑥ 고정환율을 유지하기 위해 외환시장에 개입
⑦ 외환매도, 자국통화매입, 국내통화량 감소
⑧ $LM_1 \to LM_2$ 으로 이동하며, 이자율 상승
⑨ LM의 이동은 국내금리가 낮은 한은 계속, 국제수지(BP)가 균형이 될 때까지 계속
⑩ 새균형 E_2는 국민소득 불변, 이자율 불변

3 변동환율제도에서 재정정책의 효과

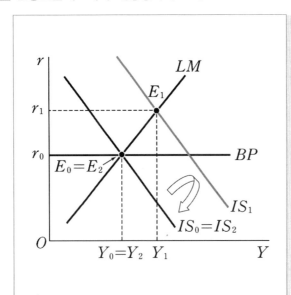

① **최초균형**: E_0, 국내금리 = 국제금리 = r_0
② **확대재정정책**: $IS_0 \rightarrow IS_1$
③ **대내균형**: $E_0 \rightarrow E_1$
　(이자율 상승, 소득 증가)
④ **대외불균형**: 국내금리 r_1 > 국제금리 r_0
⑤ 자본 유입, 국제수지 흑자, 환율 하락 압력
⑥ 중앙은행은 외환시장에 개입하지 않음
⑦ 환율 하락으로 순수출 감소
⑧ $IS_1 \rightarrow IS_2$ 이동, 국민소득 감소, 이자율
　하락
⑨ IS의 이동은 국내금리가 높은 한은 계속,
　국제수지(BP)가 균형이 될 때까지 계속
⑩ 새균형 E_2는 국민소득 불변, 이자율 불변

4 변동환율제도에서 통화정책의 효과

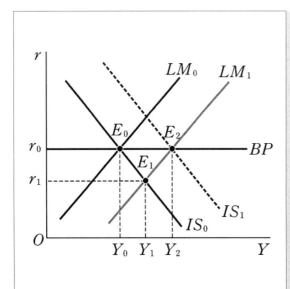

① **최초균형**: E_0, 국내금리 = 국제금리 = r_0
② **확대통화정책**: $LM_0 \rightarrow LM_1$
③ **대내균형**: $E_0 \rightarrow E_1$
　(이자율 하락, 소득 증가)
④ **대외불균형**: 국내금리 r_1 < 국제금리 r_0
⑤ 자본유출, 국제수지 적자, 환율 상승 압력
⑥ 중앙은행은 외환시장에 개입하지 않음
⑦ 환율 상승으로 순수출 증가
⑧ $IS_0 \rightarrow IS_1$ 이동, 국민소득 증가, 이자율
　상승
⑨ IS의 이동은 국내금리가 낮은 한은 계속,
　국제수지(BP)가 균형이 될 때까지 계속
⑩ 새균형 E_2는 국민소득 증가, 이자율 불변

ISSUE 문제 📝

01 2011년 지방직 7급

다음은 자본이동이 완전히 자유로운 고정환율제도에서의 재정정책 효과를 설명한 것이다. ⊙ ~ ⓒ에 들어갈 말을 바르게 나열한 것은? (단, 이 국가는 소규모 개방경제국이다)

재정지출의 증대 → 환율 (⊙) 압력 → 중앙은행 외환(ⓛ) 개입 → 통화량 (ⓒ) → 국민소득 증대

	⊙	ⓛ	ⓒ
①	상승	매입	증가
②	하락	매도	감소
③	하락	매입	증가
④	상승	매도	감소

출제이슈 고정환율제도에서 재정정책의 효과
핵심해설 정답 ③

고정환율제도에서 재정정책의 효과는 다음과 같다.

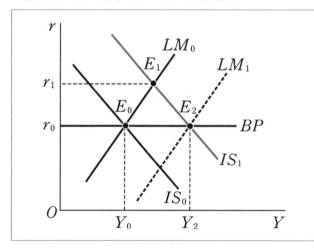

① 최초균형: E_0, 국내금리 = 국제금리 = r_0
② 확대재정정책: $IS_0 \rightarrow IS_1$
③ 대내균형: $E_0 \rightarrow E_1$ (이자율 상승, 소득 증가)
④ 대외불균형: 국내금리 r_1 > 국제금리 r_0
⑤ 자본 유입, 국제수지 흑자, 환율 하락 압력
⑥ 고정환율을 유지하기 위해 외환시장에 개입
⑦ 외환매입, 자국통화매도, 국내통화량 증가
⑧ $LM_0 \rightarrow LM_1$ 으로 이동하며, 이자율 하락
⑨ LM 의 이동은 국내금리가 높은 한은 계속,
   국제수지(BP)가 균형이 될 때까지 계속
⑩ 새균형 E_2 는 국민소득 증가, 이자율 불변

고정환율제도에서 확대재정정책이 실시되면, 국민소득이 증가하고 이자율이 상승한다. 국내이자율이 국제이자율보다 상승하여 해외로부터 자본이 유입되고 국제수지가 흑자가 되어 이로 인하여 ⊙ 환율 하락 압력이 나타난다. 고정환율제도이므로 중앙은행은 고정환율을 유지하기 위해 외환시장에 개입하여 외환을 ⓛ 매입하고 자국통화를 매도하므로 통화량은 ⓒ 증가한다. 통화량 증가로 이자율이 하락하고 투자가 증가하여 국민소득이 증가한다. 확대재정정책으로 상승했던 이자율이 다시 하락하여 원래의 이자율로 회귀하고 국민소득은 크게 증가한다.

02 2017년 서울시 7급

다음은 먼델 – 플레밍 모형을 이용하여 고정환율제도를 취하고 있는 국가의 정책 효과에 대해서 설명한 것이다. ㉠과 ㉡을 바르게 연결한 것은?

정부가 재정지출을 (㉠)하면 이자율이 상승하고 이로 인해 해외로부터 자본 유입이 발생한다. 외환 시장에서 외화의 공급이 증가하여 외화 가치가 하락하고 환율의 하락 압력이 발생한다. 하지만 고정환율제도를 가지고 있기 때문에 환율이 변할 수는 없다. 결국 환율을 유지하기 위해 중앙은행은 외화를 (㉡)해야 한다.

	㉠	㉡		㉠	㉡
①	확대	매입	②	확대	매각
③	축소	매입	④	축소	매각

출제이슈 고정환율제도에서 재정정책의 효과
핵심해설 정답 ①

고정환율제도에서 재정정책의 효과는 다음과 같다.

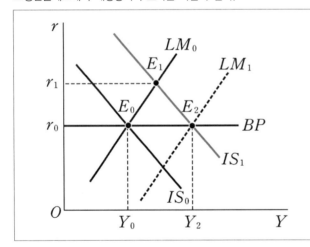

① 최초균형: E_0, 국내금리 = 국제금리 = r_0
② 확대재정정책: $IS_0 \rightarrow IS_1$
③ 대내균형: $E_0 \rightarrow E_1$ (이자율 상승, 소득 증가)
④ 대외불균형: 국내금리 r_1 > 국제금리 r_0
⑤ 자본 유입, 국제수지 흑자, 환율 하락 압력
⑥ 고정환율을 유지하기 위해 외환시장에 개입
⑦ 외환매입, 자국통화매도, 국내통화량 증가
⑧ $LM_0 \rightarrow LM_1$ 으로 이동하며, 이자율 하락
⑨ LM 의 이동은 국내금리가 높은 한은 계속, 국제수지(BP)가 균형이 될 때까지 계속
⑩ 새균형 E_2 는 국민소득 증가, 이자율 불변

고정환율제도에서 ㉠ 확대재정정책이 실시되면 국민소득이 증가하고 이자율이 상승한다. 국내이자율이 국제이자율보다 상승하여 해외로부터 자본이 유입되고 국제수지가 흑자가 되어 이로 인하여 환율 하락 압력이 나타난다. 고정환율제도이므로 중앙은행은 고정환율을 유지하기 위해 외환시장에 개입하여 ㉡ 외환을 매입하고 자국통화를 매도하므로 통화량은 증가한다. 통화량 증가로 이자율이 하락하고 투자가 증가하여 국민소득이 증가한다. 확대재정정책으로 상승했던 이자율이 다시 하락하여 원래의 이자율로 회귀하고 국민소득은 크게 증가한다.

03 2017년 지방직 7급

자본이동이 불완전하고 변동환율제도를 채택한 소규모 개방경제의 IS-LM-BP 모형에서 균형점이 (Y_0, i_0)으로 나타났다. 이때, 확장적 재정정책에 따른 새로운 균형점에 대한 설명으로 옳은 것은? (단, Y는 총소득, i는 이자율이다)

① 총소득은 Y_0보다 크고, 이자율은 i_0보다 높다.

② 총소득은 Y_0보다 크고, 이자율은 i_0보다 낮다.

③ 총소득은 Y_0보다 작고, 이자율은 i_0보다 높다.

④ 총소득은 Y_0보다 작고, 이자율은 i_0보다 낮다.

출제이슈 자본이동이 불완전한 경우 변동환율제도에서 재정정책의 효과

핵심해설 정답 ①

먼저 자본이동이 완전한 경우 변동환율제도에서 재정정책의 효과는 다음과 같다.

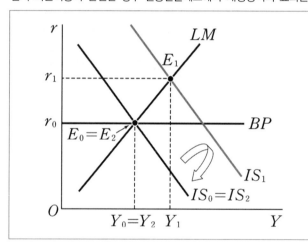

① 최초균형: E_0, 국내금리 = 국제금리 = r_0

② 확대재정정책: $IS_0 \rightarrow IS_1$

③ 대내균형: $E_0 \rightarrow E_1$ (이자율 상승, 소득 증가)

④ 대외불균형: 국내금리 r_1 > 국제금리 r_0

⑤ 자본 유입, 국제수지 흑자, 환율 하락 압력

⑥ 중앙은행은 외환시장에 개입하지 않음

⑦ 환율 하락으로 순수출 감소

⑧ $IS_1 \rightarrow IS_2$ 이동, 국민소득 감소, 이자율 하락

⑨ IS의 이동은 국내금리가 높은 한은 계속, 국제수지(BP)가 균형이 될 때까지 계속

⑩ 새균형 E_2는 국민소득 불변, 이자율 불변

변동환율제도에서 확대재정정책이 실시되면, 국민소득이 증가하고 이자율이 상승한다. 국내이자율이 국제이자율보다 상승하여 해외로부터 자본이 유입되고 국제수지가 흑자가 되어 이로 인하여 환율 하락 압력이 나타난다. 변동환율제도이므로 환율은 하락하고 이로 인해 순수출이 감소한다. 순수출 감소로 국민소득이 감소하고 이자율이 하락한다. 결국 원래의 국민소득과 이자율로 회귀한다. 따라서 변동환율제도에서 확대재정정책이 실시되어도 국민소득과 이자율은 불변이다.

이제 자본이동이 불완전한 경우 변동환율제도에서 재정정책의 효과는 다음과 같다.

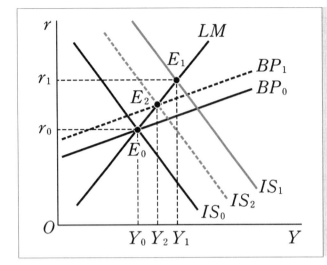

① 최초균형: E_0, 국내금리 = 국제금리 = r_0
② 확대재정정책: $IS_0 \rightarrow IS_1$
③ 대내균형: $E_0 \rightarrow E_1$ (이자율 상승, 소득 증가)
④ 대외불균형: 국내금리 r_1 > 국제금리 r_0
⑤ 자본 유입, 국제수지 흑자, 환율 하락 압력
⑥ 중앙은행은 외환시장에 개입하지 않음
⑦ 환율 하락으로 순수출 감소
⑧ $IS_1 \rightarrow IS_2$, $BP_0 \rightarrow BP_1$ 이동, 국민소득 감소, 이자율 하락
⑨ IS의 이동은 국내금리가 높은 한은 계속, 국제수지(BP)가 균형이 될 때까지 계속
⑩ 새균형 E_2는 국민소득 증가, 이자율 상승

변동환율제도에서 확대재정정책이 실시되면, 국민소득이 증가하고 이자율이 상승한다. 국내이자율이 국제이자율보다 상승하여 해외로부터 자본이 유입되고 국제수지가 흑자가 되어 이로 인하여 환율 하락 압력이 나타난다. 변동환율제도이므로 환율은 하락하고 이로 인해 순수출이 감소한다. 순수출 감소로 국민소득이 감소하고 이자율이 하락한다. 결국 확대재정정책으로 증가한 국민소득이 일부 감소하고 상승했던 이자율이 일부 하락한다. 따라서 변동환율제도에서 확대재정정책이 실시되면 국민소득은 증가하고 이자율은 상승한다.

04 | 2012년 지방직 7급

A국은 변동환율제도를 채택하고 자본이동이 완전히 자유로운 소규모개방경제국이다. IS–LM–BP 분석에서 A국 중앙은행이 화폐공급량을 증가시킬 때, 최종적인 경제효과로 옳지 않은 것은? (단, 국제이자율은 불변이고, IS곡선은 우하향하며, LM곡선은 우상향한다)

① 소비가 증가한다.

② 투자가 감소한다.

③ 무역수지가 개선된다.

④ 소득이 증가한다.

출제이슈 변동환율제도에서 통화정책의 효과

핵심해설 정답 ②

변동환율제도에서 통화정책의 효과는 다음과 같다.

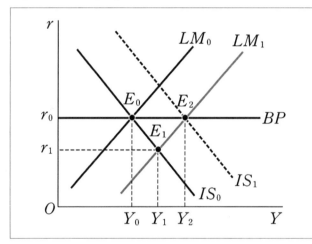

① 최초균형: E_0, 국내금리 = 국제금리 = r_0
② 확대통화정책: $LM_0 \rightarrow LM_1$
③ 대내균형: $E_0 \rightarrow E_1$ (이자율 하락, 소득 증가)
④ 대외불균형: 국내금리 r_1 < 국제금리 r_0
⑤ 자본유출, 국제수지 적자, 환율 상승 압력
⑥ 중앙은행은 외환시장에 개입하지 않음
⑦ 환율 상승으로 순수출 증가
⑧ $IS_0 \rightarrow IS_1$ 이동, 국민소득 증가, 이자율 상승
⑨ IS의 이동은 국내금리가 낮은 한은 계속, 국제수지(BP)가 균형이 될 때까지 계속
⑩ 새균형 E_2는 국민소득 증가, 이자율 불변

변동환율제도에서 확대통화정책이 실시되면, 국민소득이 증가하고 이자율이 하락한다. 국내이자율이 국제이자율보다 하락하여 해외로 자본이 유출되고 국제수지가 적자가 되어 이로 인하여 환율 상승 압력이 나타난다. 변동환율제도이므로 환율은 상승하고 이로 인해 순수출이 증가한다. 순수출 증가로 국민소득이 증가하고 이자율이 상승한다. 확대통화정책으로 하락했던 이자율이 다시 상승하여 원래의 이자율로 회귀하고 국민소득은 크게 증가한다.

설문을 검토하면 다음과 같다.

① 옳은 내용이다.
확대통화정책으로 국민소득이 크게 증가하면서 소비도 증가한다.

② 틀린 내용이다.
확대통화정책으로 하락한 이자율이 다시 하락하면서 이자율은 원래의 이자율로 회귀하므로 투자는 변화 없다.

③ 옳은 내용이다.
확대통화정책으로 이자율이 하락하여 자본이 해외로 유출되면서 환율이 상승하게 된다. 환율 상승으로 순수출이 증가하여 무역수지가 개선된다.

④ 옳은 내용이다.
확대통화정책으로 이자율이 하락하고 소득이 증가하고 다시 환율 상승으로 인해서 순수출이 증가하면서 소득이 크게 늘어난다.

제2편

05 | 2019년 지방직 7급

경제주체들의 환율 예상이 정태적으로 형성되는 경우, 변동환율제도를 채택한 소규모 개방경제 국가에서 중앙은행이 긴축적 통화정책을 실시할 때 나타나는 현상은? (단, 국가 간 자본이동이 완전하고, 다른 조건이 일정하다)

① 실질소득은 감소하고 자국화폐는 평가절상된다.
② 자국화폐는 평가절하되고 실질소득은 증가한다.
③ 실질소득은 변화가 없고 자국화폐는 평가절상된다.
④ 환율은 변화가 없고 실질소득은 감소한다.

출제이슈 변동환율제도에서 통화정책의 효과
핵심해설 정답 ①

1) 변동환율제도에서 긴축통화정책

변동환율제도에서 긴축통화정책이 실시되면, 국민소득이 감소하고 이자율이 상승한다. 국내이자율이 국제이자율보다 상승하여 해외로 자본이 유입되고 국제수지가 흑자가 되어 이로 인하여 환율 하락 압력이 나타난다. 변동환율제도이므로 환율은 하락하고 이로 인해 순수출이 감소한다. 순수출 감소로 국민소득이 감소하고 이자율이 하락한다. 확대통화정책으로 상승했던 이자율이 다시 하락하여 원래의 이자율로 회귀하고 국민소득은 크게 감소한다.

따라서 지문 ①에서 실질소득은 감소하고 자국화폐는 평가절상되는 것이 옳다.

2) 변동환율제도에서 확대통화정책

변동환율제도에서 확대통화정책이 실시되면, 국민소득이 증가하고 이자율이 하락한다. 국내이자율이 국제이자율보다 하락하여 해외로 자본이 유출되고 국제수지가 적자가 되어 이로 인하여 환율 상승 압력이 나타난다. 변동환율제도이므로 환율은 상승하고 이로 인해 순수출이 증가한다. 순수출 증가로 국민소득이 증가하고 이자율이 상승한다. 확대통화정책으로 하락했던 이자율이 다시 상승하여 원래의 이자율로 회귀하고 국민소득은 크게 증가한다.

06 2015년 국가직 9급

A국은 자본이동이 자유로운 소규모개방경제로 변동환율제도를 채택하고 있다. IS–LM–BP 모형에서 확장적 재정정책과 확장적 통화정책이 국민소득에 미치는 효과로 옳은 것은?

① 통화정책이 재정정책보다 효과적이다.
② 재정정책이 통화정책보다 효과적이다.
③ 고정환율제도와 비교할 때 재정정책과 통화정책의 효과가 모두 더 크다.
④ 고정환율제도와 비교할 때 재정정책과 통화정책의 효과가 모두 더 작다.

출제이슈 변동환율제도에서 재정 및 통화정책의 효과
핵심해설 정답 ①

1) 변동환율제도에서 확대재정정책

변동환율제도에서 확대재정정책이 실시되면, 국민소득이 증가하고 이자율이 상승한다. 국내이자율이 국제이자율보다 상승하여 해외로부터 자본이 유입되고 국제수지가 흑자가 되어 이로 인하여 환율 하락 압력이 나타난다. 변동환율제도이므로 환율은 하락하고 이로 인해 순수출이 감소한다. 순수출 감소로 국민소득이 감소하고 이자율이 하락한다. 결국 원래의 국민소득과 이자율로 회귀한다. 따라서 변동환율제도에서 확대재정정책이 실시되어도 국민소득과 이자율은 불변이다.

2) 변동환율제도에서 확대통화정책

변동환율제도에서 확대통화정책이 실시되면, 국민소득이 증가하고 이자율이 하락한다. 국내이자율이 국제이자율보다 하락하여 해외로 자본이 유출되고 국제수지가 적자가 되어 이로 인하여 환율 상승 압력이 나타난다. 변동환율제도이므로 환율은 상승하고 이로 인해 순수출이 증가한다. 순수출 증가로 국민소득이 증가하고 이자율이 상승한다. 확대통화정책으로 하락했던 이자율이 다시 상승하여 원래의 이자율로 회귀하고 국민소득은 크게 증가한다.

설문을 검토하면 다음과 같다.

① 옳은 내용이다.
변동환율제도에서 확대재정정책이 실시되어도 국민소득과 이자율은 불변이다.
변동환율제도에서 확대통화정책이 실시되면 국민소득은 크게 증가하고 이자율은 불변이다.
따라서 통화정책이 재정정책보다 효과적이다.

② 틀린 내용이다.
변동환율제도에서 확대재정정책이 실시되어도 국민소득과 이자율은 불변이다.
변동환율제도에서 재정정책은 효과가 없다.

③ 틀린 내용이다.
고정환율제도에서는 재정정책의 효과가 통화정책보다 더 크다.
변동환율제도에서는 통화정책의 효과가 재정정책보다 더 크다.
따라서 고정환율제도와 비교할 때 변동환율제도에서 재정정책과 통화정책의 효과가 모두 더 크다고 한 것은 틀렸다.

④ 틀린 내용이다.
고정환율제도에서는 통화정책의 효과가 재정정책보다 더 작다.
변동환율제도에서는 재정정책의 효과가 통화정책보다 더 작다.
따라서 고정환율제도와 비교할 때 변동환율제도에서 재정정책과 통화정책의 효과가 모두 더 작다고 한 것은 틀렸다.

07 2010년 지방직 7급

국가 간 자본의 자유이동과 자동변동환율제도를 가정할 때, 국민소득을 증가시키기 위한 확장적 재정정책과 확장적 통화정책의 효과에 대한 설명으로 옳은 것은?

① 재정정책이 통화정책보다 효과가 크다.
② 재정정책과 통화정책 모두 효과가 없다.
③ 재정정책과 통화정책 모두 효과가 크다.
④ 통화정책이 재정정책보다 효과가 크다.

출제이슈 변동환율제도에서 재정 및 통화정책의 효과
핵심해설 정답 ④

1) 변동환율제도에서 확대재정정책

변동환율제도에서 확대재정정책이 실시되면, 국민소득이 증가하고 이자율이 상승한다. 국내이자율이 국제이자율보다 상승하여 해외로부터 자본이 유입되고 국제수지가 흑자가 되어 이로 인하여 환율 하락 압력이 나타난다. 변동환율제도이므로 환율은 하락하고 이로 인해 순수출이 감소한다. 순수출 감소로 국민소득이 감소하고 이자율이 하락한다. 결국 원래의 국민소득과 이자율로 회귀한다. 따라서 변동환율제도에서 확대재정정책이 실시되어도 국민소득과 이자율은 불변이다.

2) 변동환율제도에서 확대통화정책

변동환율제도에서 확대통화정책이 실시되면, 국민소득이 증가하고 이자율이 하락한다. 국내이자율이 국제이자율보다 하락하여 해외로 자본이 유출되고 국제수지가 적자가 되어 이로 인하여 환율 상승 압력이 나타난다. 변동환율제도이므로 환율은 상승하고 이로 인해 순수출이 증가한다. 순수출 증가로 국민소득이 증가하고 이자율이 상승한다. 확대통화정책으로 하락했던 이자율이 다시 상승하여 원래의 이자율로 회귀하고 국민소득은 크게 증가한다.

따라서 ④에서 통화정책이 재정정책보다 효과가 더 크다고 한 것이 옳은 내용이다.

08 2017년 국가직 7급

다음 그림은 자본이동이 자유로운 소규모 개방경제를 나타낸다. IS₀, LM₀, BP₀ 곡선이 만나는 점 A에서 균형이 이루어졌을 때, 이에 대한 설명으로 옳은 것은?

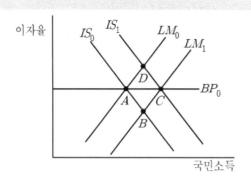

① 변동환율제 하에서 확장적 재정정책의 새로운 균형은 A이다.
② 변동환율제 하에서 확장적 통화정책의 새로운 균형은 D이다.
③ 고정환율제 하에서 확장적 통화정책의 새로운 균형은 C이다.
④ 고정환율제 하에서 확장적 재정정책의 새로운 균형은 B이다.

출제이슈 고정 및 변동환율제에서 재정 및 통화정책의 효과
핵심해설 정답 ①

① 옳은 내용이다. 변동환율제도에서 확대재정정책 : A점 그대로
국내이자율이 국제이자율보다 상승하여 해외로부터 자본이 유입되어 환율 하락 압력이 나타난다. 변동환율제도이므로 환율은 하락하고 이로 인해 순수출이 감소한다. 순수출 감소로 국민소득이 감소하고 이자율이 하락한다. 최종적으로 원래의 수준으로 회귀한다.

② 틀린 내용이다. 변동환율제도에서 확대통화정책 : C점
국내이자율이 국제이자율보다 하락하여 해외로 자본이 유출되어 환율 상승 압력이 나타난다. 변동환율제도이므로 환율은 상승하고 이로 인해 순수출이 증가한다. 순수출 증가로 국민소득이 증가하고 이자율이 상승한다. 최종적으로 이자율은 불변이다.

③ 틀린 내용이다. 고정환율제도에서 확대통화정책 : A점 그대로
국내이자율이 국제이자율보다 하락하여 해외로 자본이 유출되어 환율 상승 압력이 나타난다. 중앙은행은 고정환율을 유지하기 위해 외환시장에 개입하여 외환을 매도하고 자국통화를 매입한다. 이로 인해 통화량이 감소하여 이자율이 상승하고 국민소득이 감소한다. 최종적으로 원래의 수준으로 회귀한다.

④ 틀린 내용이다. 고정환율제도에서 확대재정정책 : C점
국내이자율이 국제이자율보다 상승하여 해외로부터 자본이 유입되어 환율 하락 압력이 나타난다. 중앙은행은 고정환율을 유지하기 위해 외환시장에 개입하여 외환을 매입하고 자국통화를 매도한다. 이로 인해 통화량이 증가하여 이자율이 하락하고 국민소득이 증가한다. 최종적으로 이자율은 불변이다.

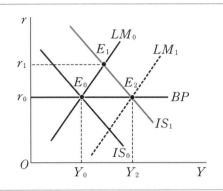

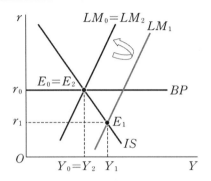

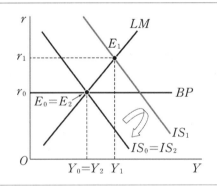

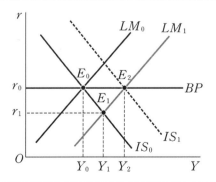

1) 고정환율제도에서 확대재정정책

고정환율제도에서 확대재정정책이 실시되면 국민소득이 증가하고 이자율이 상승한다. 국내이자율이 국제이자율보다 상승하여 해외로부터 자본이 유입되고 국제수지가 흑자가 되어 이로 인하여 환율 하락 압력이 나타난다. 고정환율제도이므로 중앙은행은 고정환율을 유지하기 위해 외환시장에 개입하여 외환을 매입하고 자국통화를 매도하므로 통화량은 증가한다. 통화량 증가로 이자율이 하락하고 투자가 증가하여 국민소득이 증가한다. 확대재정정책으로 상승했던 이자율이 다시 하락하여 원래의 이자율로 회귀하고 국민소득은 크게 증가한다.

2) 고정환율제도에서 확대통화정책

고정환율제도에서 확대통화정책이 실시되면 국민소득이 증가하고 이자율이 하락한다. 국내이자율이 국제이자율보다 하락하여 해외로 자본이 유출되고 국제수지가 적자가 되어 이로 인하여 환율 상승 압력이 나타난다. 고정환율제도이므로 중앙은행은 고정환율을 유지하기 위해 외환시장에 개입하여 외환을 매도하고 자국통화를 매입하므로 통화량은 감소한다. 통화량 감소로 이자율이 상승하고 국민소득이 감소한다. 결국 원래의 국민소득과 이자율로 회귀한다. 따라서 고정환율제도에서 확대통화정책이 실시되어도 국민소득과 이자율은 불변이다.

3) 변동환율제도에서 확대재정정책

변동환율제도에서 확대재정정책이 실시되면, 국민소득이 증가하고 이자율이 상승한다. 국내이자율이 국제이자율보다 상승하여 해외로부터 자본이 유입되고 국제수지가 흑자가 되어 이로 인하여 환율 하락 압력이 나타난다. 변동환율제도이므로 환율은 하락하고 이로 인해 순수출이 감소한다. 순수출 감소로 국민소득이 감소하고 이자율이 하락한다. 결국 원래의 국민소득과 이자율로 회귀한다. 따라서 변동환율제도에서 확대재정정책이 실시되어도 국민소득과 이자율은 불변이다.

4) 변동환율제도에서 확대통화정책

변동환율제도에서 확대통화정책이 실시되면, 국민소득이 증가하고 이자율이 하락한다. 국내이자율이 국제이자율보다 하락하여 해외로 자본이 유출되고 국제수지가 적자가 되어 이로 인하여 환율 상승 압력이 나타난다. 변동환율제도이므로 환율은 상승하고 이로 인해 순수출이 증가한다. 순수출 증가로 국민소득이 증가하고 이자율이 상승한다. 확대통화정책으로 하락했던 이자율이 다시 상승하여 원래의 이자율로 회귀하고 국민소득은 크게 증가한다.

09 2016년 국가직 7급

자본이동이 완전히 자유로운 소국 개방경제를 가정하자. 먼델 − 플레밍의 IS−LM−BP 모형에 대한 설명으로 옳지 않은 것은?

① BP곡선은 (산출, 이자율) 평면에서 수평선으로 나타난다.
② 고정환율제 하에서 통화정책은 국민소득에 영향을 미치지 못한다.
③ 변동환율제 하에서는 통화정책의 독자성이 보장된다.
④ 재정정책의 국민소득에 대한 효과는 고정환율제보다 변동환율제 하에서 더 커진다.

출제이슈 고정 및 변동환율제에서 재정 및 통화정책의 효과
핵심해설 정답 ④

설문을 검토하면 다음과 같다.

① 옳은 내용이다.
1) BP 곡선은 국제수지 균형을 달성시키는 국민소득과 이자율의 조합을 연결한 곡선으로서 다음과 같이 수식으로 나타낼 수 있다.

$$BP = CA + KA = CA\left(\frac{eP^*}{P}, Y\right) + KA\left(r - r^*\right) = X(e) - M(Y,e) + KA(r) = 0 인 Y, r 의 조합$$

단, BP : 국제수지, CA : 경상수지, KA : 자본수지

2) 이제 BP 곡선을 논리적으로 도출하고 그 기울기를 살펴보자
현재 국제수지균형상태라고 가정하자. 이때, 국민소득 증가하는 경우 수입이 증가하여 경상수지가 악화되어 국제수지가 적자로 변한다. BP 곡선은 국제수지균형상태를 의미하므로 국제수지의 균형을 위해서 자본수지가 호전되어야 하고 이를 위해서는 이자율이 상승하여야 한다.

만일 자본이동이 자유로운 경우라면, 이자율이 조금만 상승하여도 자본이 유입되어 자본수지 호전이 가능하다. 이 경우 BP 곡선이 완만하다. 만일 자본이동이 부자유스러운 경우라면, 이자율이 많이 상승하여야만 자본이 유입되어 자본수지 호전이 가능하다. 이 경우 BP 곡선이 가파르다.

따라서 극단적으로 자본이동이 완전자유로운 경우에는 BP 곡선이 수평으로 나타나고, 자본이동이 완전불가능한 경우에는 BP 곡선은 수직으로 나타난다.

제2편

② 옳은 내용이다.

1) 먼저 고정환율제도에서 확대통화정책이 실시된 경우를 분석하면 다음과 같다.

확대통화정책으로 국내이자율이 국제이자율보다 하락하여 해외로 자본이 유출되어 환율 상승 압력이 나타난다. 중앙은행은 고정환율을 유지하기 위해 외환시장에 개입하여 외환을 매도하고 자국통화를 매입한다. 이로 인해 통화량이 감소하여 이자율이 상승하고 국민소득이 감소한다. 따라서 최초 확대통화정책으로 증가했던 국민소득이 다시 감소하고 하락했던 이자율이 다시 상승하여 최종적으로 원래 수준으로 회귀한다. 결국 고정환율제도에서 확대통화정책은 효과가 없다.

2) 이제 고정환율제도에서 긴축통화정책이 실시된 경우도 같이 분석하여 보자.

긴축통화정책으로 국내이자율이 국제이자율보다 상승하여 해외로부터 자본이 유입되어 환율 하락 압력이 나타난다. 중앙은행은 고정환율을 유지하기 위해 외환시장에 개입하여 외환을 매입하고 자국통화를 매도한다. 이로 인해 통화량이 증가하여 이자율이 하락하고 국민소득이 증가한다. 최초 긴축통화정책으로 감소했던 국민소득이 다시 증가하고 상승했던 이자율이 다시 하락하여 최종적으로 원래 수준으로 회귀한다. 따라서 고정환율제도에서 긴축통화정책은 효과가 없다.

③ 옳은 내용이다.

1) 먼저 고정환율제도에서 확대통화정책이 실시된 경우를 분석하면 다음과 같다.

확대통화정책으로 국내이자율이 국제이자율보다 하락하여 해외로 자본이 유출되어 환율 상승 압력이 나타난다. 중앙은행은 고정환율을 유지하기 위해 외환시장에 개입하여 외환을 매도하고 자국통화를 매입한다. 이로 인해 통화량이 감소한다. 고정환율제도의 유지를 위해서 통화정책의 자주성이 사라지게 된 것이다.

2) 이제 고정환율제도에서 긴축통화정책이 실시된 경우도 같이 분석하여 보자.

긴축통화정책으로 국내이자율이 국제이자율보다 상승하여 해외로부터 자본이 유입되어 환율 하락 압력이 나타난다. 중앙은행은 고정환율을 유지하기 위해 외환시장에 개입하여 외환을 매입하고 자국통화를 매도한다. 이로 인해 통화량이 증가한다. 고정환율제도의 유지를 위해서 통화정책의 자주성이 사라지게 된것이다.

3) 반면 변동환율제도에서는 환율 상승 압력이 나타나든 환율 하락 압력이 나타나든 중앙은행이 외환시장에 개입하지 않아도 되므로 통화정책의 독자성이 보장된다.

④ 틀린 내용이다.

1) 고정환율제도에서 확대재정정책이 실시된 경우를 분석하면 다음과 같다.

확대재정정책으로 국내이자율이 국제이자율보다 상승하여 해외로부터 자본이 유입되어 환율 하락 압력이 나타난다. 중앙은행은 고정환율을 유지하기 위해 외환시장에 개입하여 외환을 매입하고 자국통화를 매도한다. 이로 인해 통화량이 증가하여 이자율이 하락하고 국민소득이 증가한다. 최종적으로 이자율은 불변이며 국민소득이 크게 증가한다. 따라서 고정환율제도에서 재정정책은 효과가 크다.

2) 변동환율제도에서 확대재정정책이 실시된 경우를 분석하면 다음과 같다.

확대재정정책으로 국내이자율이 국제이자율보다 상승하여 해외로부터 자본이 유입되어 환율 하락 압력이 나타난다. 변동환율제도이므로 중앙은행의 개입은 없으며 환율은 하락하고 이로 인해 순수출이 감소한다. 순수출 감소로 인하여 최초 확대재정정책으로 증가했던 국민소득이 다시 감소하고 상승했던 이자율이 다시 하락하여 최종적으로 원래 수준으로 회귀한다. 따라서 변동환율제도에서 재정정책은 효과가 없다.

10 2015년 서울시 7급

외부로부터 디플레이션 충격이 발생하여 국내경제에 영향을 미치고 있을 때, 확장적 통화정책을 시행할 경우의 거시경제균형에 대한 효과로 옳지 않은 것은?

① 폐쇄경제모형에 따르면 이자율이 하락하여 투자가 증가한다.
② 자본시장이 완전히 자유로운 소규모 개방경제모형에서는 고정환율을 유지하려면 다른 충격에 대응하는 통화정책을 독립적으로 사용할 수 없다.
③ 변동환율제를 채택하고 자본시장이 완전히 자유로운 소규모 개방경제모형에서는 수출이 감소한다.
④ 교역상대국에서도 확장적 통화정책을 시행할 경우 자국통화가치를 경쟁적으로 하락시키려는 '환율전쟁' 국면으로 접어든다.

출제이슈 통화정책의 다양한 효과
핵심해설 정답 ③

① 옳은 내용이다.
확대통화정책의 실시로 통화량이 증가하면 화폐시장에서 실질통화공급이 증가하여 이자율이 하락하고 이에 따라 실물부문의 투자가 증가한다. 따라서 투자수요의 증대가 국민소득의 증가를 가져오게 된다.

② 옳은 내용이다.
1) 먼저 고정환율제도에서 확대통화정책이 실시된 경우를 분석하면 다음과 같다.
확대통화정책으로 국내이자율이 국제이자율보다 하락하여 해외로 자본이 유출되어 환율 상승 압력이 나타난다. 중앙은행은 고정환율을 유지하기 위해 외환시장에 개입하여 외환을 매도하고 자국통화를 매입한다. 이로 인해 통화량이 감소한다. 고정환율제도의 유지를 위해서 통화정책의 자주성이 사라지게 된 것이다.

2) 이제 고정환율제도에서 긴축통화정책이 실시된 경우도 같이 분석하여 보자.
긴축통화정책으로 국내이자율이 국제이자율보다 상승하여 해외로부터 자본이 유입되어 환율 하락 압력이 나타난다. 중앙은행은 고정환율을 유지하기 위해 외환시장에 개입하여 외환을 매입하고 자국통화를 매도한다. 이로 인해 통화량이 증가한다. 고정환율제도의 유지를 위해서 통화정책의 자주성이 사라지게 된것이다.

3) 반면 변동환율제도에서는 국제수지의 적자 혹은 흑자로 인하여 환율의 상승 혹은 하락 압력이 나타나더라도 중앙은행이 외환시장에 개입하지 않기 때문에 환율은 변화하지만, 국내통화량은 불변이므로 통화정책의 독자성이 보장된다.

③ 틀린 내용이다.
변동환율제도에서 확대통화정책이 실시되면, 국민소득이 증가하고 이자율이 하락한다. 국내이자율이 국제이자율보다 하락하여 해외로 자본이 유출되고 국제수지가 적자가 되어 이로 인하여 환율 상승 압력이 나타난다. 변동환율제도이므로 중앙은행은 외환시장에 개입하지 않기 때문에 환율은 상승하고 이로 인해 순수출이 증가한다. 순수출 증가로 국민소득이 증가하고 이자율이 상승한다. 확대통화정책으로 하락했던 이자율이 다시 상승하여 원래의 이자율로 회귀하고 국민소득은 크게 증가한다.

④ 옳은 내용이다.

변동환율제도에서 확대통화정책의 실시로 수출과 국민소득이 크게 증가할 수 있다. 이는 반대로 교역상대국에서는 수입이 증가하고 국민소득이 감소함을 의미한다. 따라서 교역상대국에서도 확대통화정책을 실시하여 자국통화가치를 하락시키려고 할 것이다. 교역국 사이에서 서로 확대통화정책을 통한 통화가치 하락을 꾀하게 되는 환율전쟁이 발생하는 것이다.

참고로 먼델 – 플레밍 2국모형에 의하면, 자국의 확대통화정책의 실시로 인하여 자국과 교역상대국인 외국의 이자율은 모두 하락한다. 그러나 자국의 이자율 하락은 확대통화정책의 실시에 따라서 발생하였고 이에 따라서 해외로 자본이 유출되면서 환율 상승을 가져온다. 환율 상승으로 자국의 수출이 증가하면서 외국의 통화가치는 상승하고 외국의 수입이 증가한다. 따라서 자국은 소득이 증가하지만, 외국은 소득이 감소하게 된다.

11 2011년 국가직 7급

먼델 – 플레밍 모형에 대한 설명으로 옳지 않은 것은?

① 먼델 – 플레밍 모형은 IS-LM 모형과 마찬가지로 재화 및 용역 시장을 설명하지만 순수출을 추가적으로 포함한다.
② 소국개방경제의 경우, 고정환율제 하에서는 재정정책만이 소득에 영향을 미친다.
③ 소국개방경제의 경우, 변동환율제 하에서는 금융정책만이 소득에 영향을 미친다.
④ 소국개방경제의 경우, 일국과 관련된 위험할증이 증가하면 소득이 감소한다.

출제이슈 먼델 – 플레밍 모형과 위험할증
핵심해설 정답 ④

① 옳은 내용이다.
재화시장과 화폐시장의 균형을 분석하는 $IS-LM$ 모형을 개방경제(순수출, 자본이동)로 확대한 모형이 먼델 – 플레밍의 $IS-LM-BP$ 모형이다. 이 때, BP 는 다음을 의미한다.

BP 곡선은 국제수지 균형을 달성시키는 국민소득과 이자율의 조합을 연결한 곡선으로서 다음과 같이 수식으로 나타낼 수 있다.

$$BP= CA + KA = CA\left(\frac{eP^*}{P}, Y\right) + KA(r-r^*) = X(e) - M(Y,e) + KA(r) = 0인\ Y, r의 조합$$

단, BP : 국제수지, CA : 경상수지, KA : 자본수지

② 옳은 내용이다.
1) 먼저 고정환율제도에서 확대재정정책이 실시된 경우를 분석하면 다음과 같다.
확대재정정책으로 국내이자율이 국제이자율보다 상승하여 해외로부터 자본이 유입되어 환율 하락 압력이 나타난다. 중앙은행은 고정환율을 유지하기 위해 외환시장에 개입하여 외환을 매입하고 자국통화를 매도한다. 이로 인해 통화량이 증가하여 이자율이 하락하고 국민소득이 증가한다. 최종적으로 이자율은 불변이며 국민소득이 크게 증가한다. 따라서 고정환율제도에서 재정정책은 효과가 크다.

2) 이제 반대로 고정환율제도에서 확대통화정책이 실시된 경우를 분석하면 다음과 같다.
확대통화정책으로 국내이자율이 국제이자율보다 하락하여 해외로 자본이 유출되어 환율 상승 압력이 나타난다. 중앙은행은 고정환율을 유지하기 위해 외환시장에 개입하여 외환을 매도하고 자국통화를 매입한다. 이로 인해 통화량이 감소하여 이자율이 상승하고 국민소득이 감소한다. 따라서 최초 확대통화정책으로 증가했던 국민소득이 다시 감소하고 하락했던 이자율이 다시 상승하여 최종적으로 원래 수준으로 회귀한다. 결국 고정환율제도에서 확대통화정책은 효과가 없다.

③ 옳은 내용이다.

1) 먼저 변동환율제도에서 확대통화정책이 실시된 경우를 분석하면 다음과 같다.

확대통화정책으로 국내이자율이 국제이자율보다 하락하여 해외로 자본이 유출되어 환율 상승 압력이 나타난다. 변동환율제도이므로 중앙은행의 개입은 없으며 환율은 상승하고 이로 인해 순수출이 증가한다. 순수출 증가로 국민소득이 증가하고 이자율이 상승한다. 확대통화정책으로 하락했던 이자율이 다시 상승하여 원래의 이자율로 회귀하고 국민소득은 크게 증가한다. 따라서 변동환율제도에서 통화정책은 효과가 크다.

2) 이제 반대로 변동환율제도에서 확대재정정책이 실시된 경우를 분석하면 다음과 같다.

확대재정정책으로 국내이자율이 국제이자율보다 상승하여 해외로부터 자본이 유입되어 환율 하락 압력이 나타난다. 변동환율제도이므로 중앙은행의 개입은 없으며 환율은 하락하고 이로 인해 순수출이 감소한다. 순수출 감소로 인하여 최초 확대재정정책으로 증가했던 국민소득이 다시 감소하고 상승했던 이자율이 다시 하락하여 최종적으로 원래 수준으로 회귀한다. 따라서 변동환율제도에서 재정정책은 효과가 없다.

④ 틀린 내용이다.

1) 자국의 위험할증을 반영하는 방법

자국의 정치적 혹은 경제적 상황이 불안한 경우 해외로부터의 투자가 영향을 받게 된다. 따라서 투자의 수익은 리스크 프리미엄을 가산하여 결정되어야 한다. 이는 현재 자국의 이자율 수준이 경제적 상황의 불안에 의하여 해외보다 낮다고 평가하는 것과 동일하며, 따라서 자국의 이자율 수준에 리스크 프리미엄을 가산하여 투자에 대한 수익을 보상해 줄 필요가 있는 것이다. 자국의 위험할증을 $IS-LM-BP$ 모형을 통해 반영하기 위해서는 BP 곡선을 리스크 프리미엄만큼 상방 이동시켜주면 된다.

2) 고정환율제도에서 자국의 위험할증 분석

자국의 위험할증으로 인하여 국내이자율이 국제이자율보다 디스카운트된 상황이므로 해외로 자본이 유출되어 환율 상승 압력이 나타난다. 고정환율제도에서는 중앙은행이 고정환율을 유지하기 위해 외환시장에 개입하여 외환을 매도하고 자국통화를 매입한다. 이로 인해 통화량이 감소하여 이자율이 상승하고 국민소득이 감소한다. 이때 상승한 이자율은 기존의 자국의 이자율에 리스크 프리미엄이 가산된 금리가 된다.

3) 변동환율제도에서 자국의 위험할증 분석

자국의 위험할증으로 인하여 국내이자율이 국제이자율보다 디스카운트된 상황이므로 해외로 자본이 유출되어 환율 상승 압력이 나타난다. 변동환율제도에서는 중앙은행의 개입은 없으며 환율은 상승하고 이로 인해 순수출이 증가한다. 순수출 증가로 국민소득이 증가하고 이자율이 상승한다. 이때 상승한 이자율은 기존의 자국의 이자율에 리스크 프리미엄이 가산된 금리가 된다.

국제통화제도와 환율제도

1 금본위제도(1800년대~1914년, 고정환율제도)

1) 국가마다 자국통화와 금과의 일정한 교환비를 설정한다(금을 기준으로 고정환율).

2) 금을 중심으로 서로 다른 국가 간 화폐의 교환비율인 환율도 계산된다(법정평가).

3) 금본위제 하에서는 국제수지 불균형이 자동으로 조정된다.
   ① 국제수지 불균형 → 통화량 변화 → 가격변화 → 수출입변화 → 국제수지 균형
   ② 흄, 가격 - 정화 - 흐름 메커니즘

2 세계대전기간 환율제도(1914~1945년, 변동환율제도, 고정환율제도)

1) 1차 세계대전 발발 후 각국은 전시재정에 필요한 통화발행을 위해서 금본위제도를 포기하고 변동환율제도를 채택하면서 결국 금본위제도는 붕괴되었다.

2) 전후 초인플레이션에 따라서 환율고정 필요성이 증대되어 각국은 금본위제로 복귀하였다.

3) 1930년대 대공황으로 세계 각국은 자국산업을 보호하기 위해서 경쟁적으로 평가절하를 실시하고 관세장벽을 높여서 이른바, 근린궁핍화정책을 실시하면서 금본위제는 붕괴되었다.

3 브레튼우즈체제(1945~1971년, 고정환율제도, 금환본위)

1) 금과 미국달러 간에 고정교환비율을 설정하고, 가맹국가들의 통화는 미국달러와 고정교환비율을 설정하는 고정환율제도이며 금과 태환되는 미국달러가 국제준비자산이므로 금환본위제도라고 한다.

2) 계속되는 미국의 국제수지 적자로 인해서 1971년 미국은 금과 달러의 태환 중지를 선언함으로 브레튼우즈체제는 붕괴되었다.

4 스미소니언체제(1972~1975년, 스네이크 시스템)

1) 브레튼우즈체제 붕괴 이후 1971년 12월 미국 워싱턴 스미소니언에 모여 금 - 달러 비율을 조정하여 달러를 평가절하하였다. 결국 다른 나라의 통화는 평가절상되었다.

2) 환율제도는 중심환율로부터 환율이 변동할 수 있는 밴드(대역)를 2.25%로 하였고 이 모습이 마치 뱀이 움직이는 모습과 비슷하다고 하여 스네이크 시스템이라고 하였다.

5 킹스턴체제(1976년 이후, 자유변동환율제도)

1) 1976년 1월 자메이카 킹스턴에서 IMF는 스미소니언체제를 자유변동환율제도(킹스턴체제)로 전환하였다.

2) 킹스턴체제에서는 회원국들에게 독자적으로 환율제도를 선택할 수 있는 재량권을 부여하였고 각국 중앙은행은 환율변동성을 줄이기 위해서 시장에 개입할 수 있도록 하였다.

6 플라자협정(1985년, 협조적 외환시장개입)

1) 1980년대 초 미국의 불황 상황에서 레이건행정부의 조세감면정책은 팽창적 재정정책으로서 이자율을 높이고 달러가치를 더욱 상승시켰다. 강한 달러는 미국의 경상수지 적자를 더욱 심화시켰고, 조세감면으로 인한 재정수입감소는 재정적자로 이어지게 되었다.

2) 플라자협정은 미달러의 평가절하를 위해서 G-5 중앙은행들이 동시에 외환시장에 개입하여 보유달러를 매각하는 것이었으며 이로 인해 달러가치는 급속히 하락하였다.

7 루브르협정(1987년, 목표환율대제도)

1987년 G-5와 캐나다는 파리 루브르박물관에서 환율안정을 위한 협정을 체결하였는데, 목표환율대(target zone)를 설정하고 외환시장개입을 통해 이 환율대안에서 환율을 안정시키기로 하였으며 동시에 재정, 통화정책에 있어서 상호 협조하기로 하였다.

8 최적통화지역(optimum currency area)

1) 최적통화지역이란 단일통화가 통용되기에 가장 이상적인 크기의 지역을 말한다. 단일통화는 사실상 환율고정과 유사하므로, 최적통화지역은 바로 고정환율제도의 유지에 가장 적당한 크기의 지역이다.

2) 세계적으로 고정환율제도를 시행하자는 것은 전세계를 하나의 최적통화지역으로 보는 것이고, 모든 국가가 변동환율제도를 택하자는 것은 개별국가가 하나의 최적통화지역이라는 것이다.

9 환율제도

1) 고정환율제도

① 인플레이션 억제

인플레이션이 높으면 국제수지가 적자가 발생하여 외화준비자산이 감소한다. 고정환율제도 하에서 외화준비자산의 감소는 통화량 감소로 이어져 인플레이션이 억제될 수 있다.

② 불확실성 감소

환율의 변동은 수입업자들에게 미래에 지불할 가격에 대한 불확실성을 증대시킨다. 또한 수출업자들에게는 미래에 수취할 가격에 대한 불확실성을 증대시킨다. 따라서 고정환율제도는 환율변동의 불확실성을 제거하여 무역과 투자를 확대시킨다는 장점이 있다.

제2편

③ 외환투기의 감소

사람들이 환율의 변동을 예상하게 되면, 외환에 대한 투기가 나타나는데 고정환율제도는 환율의 변동을 제거하여 외환투기를 감소시킨다.

2) 변동환율제도

① 신속한 국제수지의 조정

대외경제의 불균형이 발생하여 국제수지가 불균형일 경우 결국 이는 조정되어야 한다. 변동환율제도라면 환율의 변화를 통해서 국제수지 불균형이 신속히 조정될 수 있다.

② 자주적인 통화정책 가능

고정환율제도에서는 이자율에 변화에 따른 환율의 변동을 방어하기 위하여 통화정책에 제한을 받지만 변동환율제도라면, 확장적 통화정책을 실시하는데 지장 없이 자주적으로 가능하다.

③ 대외준비자산 비용 절감

고정환율제도에서는 환율을 일정수준으로 유지하기 위해 외환시장 개입이 필요하며 이에 따른 대외준비자산 보유는 이를 다른 곳에 투자하여 얻을 수 있는 이득의 포기로 비용의 성격을 가진다. 그러나 변동환율제도에서는 정부가 외환시장에 개입할 필요가 없기 때문에 준비자산을 비축할 필요가 적어지며, 준비자산 보유액이 고정환율제도보다 더 적다.

10 환율제도의 선택과 삼자택일 딜레마

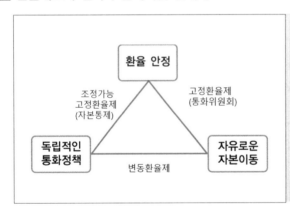

1) 크루그만의 불가능한 삼위일체 혹은 삼자택일의 딜레마(trilemma)
2) 개방거시경제의 목표인 통화정책의 자주성, 자본이동의 자유성, 환율의 안정성 모두를 달성하는 불가능
3) 환율을 안정적으로 유지(고정환율유지)하고 국가 간 자유로운 자본이동을 허용하며, 자국의 독자적인 통화정책을 보장하는 환율제도는 없음

ISSUE 문제 📝

01 　2020년 지방직 7급

주요 국제통화제도 또는 협정에 대한 설명으로 옳은 것은?

① 1960년대 미국의 경상수지 흑자는 국제 유동성 공급을 줄여 브레튼우즈(Bretton Woods)체제를 무너뜨리는 요인이었다.

② 1970년대 초 금 태환을 정지시키고 동시에 미 달러화를 평가절상하면서 브레튼우즈체제는 종식되었다.

③ 1970년대 중반 킹스턴(Kingston)체제는 통화로서 금의 역할을 다시 확대하여 고정환율체제로의 복귀를 시도하였다.

④ 1980년대 중반 플라자(Plaza)협정으로 미 달러화의 평가절하가 추진되었다.

출제이슈 국제통화제도의 역사
핵심해설 정답 ④

① 틀린 내용이다.

1930년대 대공황과 금본위제도의 붕괴로 인해서 전후 새로운 국제통화제도 마련을 위해 종전을 목전에 둔 1944년 미국, 영국 등 45개 대표들이 미국 뉴햄프셔주 브레튼우즈에 모여 새 제도에 합의하였는데 새로운 환율제도는 영국의 케인즈와 미국의 화이트가 제안한 것으로 조정 가능한 고정환율제였다. 이것이 브레튼우즈체제이다. 브레튼우즈체제는 미국의 달러화를 기축통화로 한 고정환율제도인 금환본위제도를 채택하였다. 금과 미국달러 간에 고정된 교환비율을 설정하고, 가맹국가들의 통화는 미국달러와 고정교환비율을 설정하는 고정환율제도이다. 금과 태환되는 미국달러가 국제준비자산이므로 금환본위제도라고 한다.

1945년 이후 미국의 국제수지는 흑자였으나 이후 유럽과 일본경제가 회복하면서 1950년부터 적자로 전환되었고 그 규모는 갈수록 커졌다. 계속되는 국제수지 적자로 인해서 외국으로 달러가 계속 유출되었고 결국 외국의 달러보유고는 미국의 금준비고를 초과하였다(4배 이상 초과). 이런 상황에서 국제수지 적자문제를 해결하기 위해 미국은 평가절하를 해야 하나 달러에 대한 국제신뢰도 문제로 인해서 쉽게 할 수 없었다. 평가절하를 하게 되면, 미국을 신뢰하여 달러를 보유한 국가는 손실을 입게 되고, 미국을 불신하여 금을 보유한 국가는 이득을 얻게 되기 때문이다. 그러나 결국 1971년 미국은 금과 달러의 태환 중지를 선언함으로 브레튼우즈체제는 붕괴되었다.

기축통화의 발행국의 미국의 국제수지가 늘어나게 되면 세계적으로 국제유동성 공급이 증가한다. 그러나 계속되는 국제수지 적자로 인해서 외국으로 달러가 계속 유출되었고 외국의 달러보유고가 미국의 금준비고를 초과하여 신뢰성 하락이라는 문제가 발생하였다. 이렇게 기축통화에 의한 국제유동성의 증가와 이와 동반된 신뢰성 하락의 문제를 유동성 딜레마라고 한다. 브레튼우즈체제 하에서 미국의 달러화가 유동성 딜레마의 대표적인 사례이다.

② 틀린 내용이다.

1971년 미국은 금과 달러의 태환 중지를 선언함으로 브레튼우즈체제는 붕괴되고 이후 스미소니언 협정을 통해 달러의 평가절하가 단행되었음에도 여전히 미국의 국제수지 적자는 계속되었다.

③ 틀린 내용이다.

스미소니언 체제 이후 1975년 프랑스 람부에서 선진국 회담을 통해 미국, 영국, 프랑스, 서독, 이태리, 일본 6개국은 변동환율제도를 촉구하였다. 1976년 1월 자메이카 킹스턴에서 IMF는 스미소니언체제를 자유변동환율제도(킹스턴체제)로 전환하였다. 킹스턴체제에서는 회원국들에게 독자적으로 환율제도를 선택할 수 있는 재량권을 부여하였다.

④ 옳은 내용이다.

1980년대초 미국의 불황 상황에서 레이건 행정부의 조세감면정책은 팽창적 재정정책으로서 이자율을 높이고 달러가치를 더욱 상승시켰다. 강한 달러는 미국의 경상수지 적자를 더욱 심화시켰고, 조세감면으로 인한 재정수입 감소는 재정 적자로 이어지게 되었다. 미국과 교역하는 다른 선진국들인 독일, 일본 등도 더 이상 국제수지의 흑자를 누적시킬 경우 미국과의 무역마찰이 증가할 것을 우려하여 미달러의 평가절하에 동의하게 되었다. 미국, 영국, 프랑스, 독일, 일본 선진 5개국(Group of Five, G-5)의 재무장관들이 1985년 9월 미국 뉴욕시 플라자호텔에서 플라자협정을 발표하였다. 플라자협정은 미달러의 평가절하를 위해서 G-5 중앙은행들이 동시에 외환시장에 개입하여 보유달러를 매각하는 것이었으며 이로 인해 달러가치는 급속히 하락하였다.

02 2010년 국가직 7급

국제통화제도에 대한 설명으로 옳지 않은 것은?

① 금본위제도는 전형적인 고정환율제도이다.
② 킹스턴체제에서는 회원국들이 독자적인 환율제도를 선택할 수 있는 재량권을 부여하고 있다.
③ 브레튼우즈체제는 달러화를 기축통화로 하는 변동환율제도 도입을 골자로 한다.
④ 1985년 플라자협정의 결과로 달러화의 가치가 하락하였다.

제2편

출제이슈 국제통화제도의 역사
핵심해설 정답 ③

① 옳은 내용이다.

금본위제도는 1800년대부터 1914년까지 유지된 고정환율제도이다. 금본위제도는 국가마다 자국통화와 금과의 일정한 교환비를 설정하는데 이는 금을 기준으로 한 고정환율을 의미한다. 이렇게 설정된 교환비율 즉 고정된 환율로 자유롭게 금의 매입 및 매출이 가능하다. 금과 태환이 가능하다는 것이다. 금본위제 하에서는 국제수지 불균형이 자동으로 조정되는데 이를 흄의 가격 - 정화 - 흐름 메커니즘이라고 한다. 이에 따르면 국제수지 적자가 발생하면 금의 유출이 발생하여 통화량이 감소하고 가격이 하락하여 가격경쟁력을 회복하여 국제수지 균형을 달성할 수 있게 된다.

③ 틀린 내용이다.

1914년 제1차 세계대전 발발 후 각국은 전시재정에 필요한 통화발행을 위해서 금본위제도를 포기하고 변동환율제도를 채택하면서 결국 금본위제도는 붕괴되었다. 그러나 전시 및 전후복구 재정을 위한 통화증발로 물가가 상승하고 환율의 변동성은 커졌다. 특히 전후 초인플레이션에 따라서 환율고정 필요성이 증대되어 각국은 금본위제로 복귀하였다. (미국 1919년, 영국 1925년에 이어 1927년까지 프랑스, 이탈리아, 일본 등 대부분의 선진국도 모두 금본위제로 복귀하였다.)

그러나 1930년대 대공황으로 세계각국은 자국산업을 보호하기 위해서 경쟁적으로 평가절하를 실시하고 관세장벽을 높여서 이른바, 근린궁핍화정책을 실시하였다. 보호무역주의로 인하여 결국 세계교역량은 급속히 감소하고 경제성장은 둔화되었고, 경쟁적 평가절하로 인해서 환율의 변동성은 커지고 금본위제는 붕괴하였다.

1930년대 대공황과 금본위제도의 붕괴로 인해서 전후 새로운 국제통화제도 마련을 위해 종전을 목전에 둔 1944년 미국, 영국 등 45개 대표들이 미국 뉴햄프셔주 브레튼우즈에 모여 새 제도에 합의하였는데 새로운 환율제도는 영국의 케인즈와 미국의 화이트가 제안한 것으로 조정 가능한 고정환율제였다. 이것이 브레튼우즈체제이다. 브레튼우즈체제는 미국의 달러화를 기축통화로 한 고정환율제도인 금환본위제도를 채택하였다. 금과 미국달러 간에 고정된 교환비율을 설정하고, 가맹국가들의 통화는 미국달러와 고정교환비율을 설정하는 고정환율제도이다. 금과 태환되는 미국달러가 국제준비자산이므로 금환본위제도라고 한다.

② 옳은 내용이다.

1945년 이후 미국의 국제수지는 흑자였으나 이후 유럽과 일본경제가 회복하면서 1950년부터 적자로 전환되었고 그 규모는 갈수록 커졌다. 계속되는 국제수지 적자로 인해서 외국으로 달러가 계속 유출되었고 결국 외국의 달러보유고는 미국의 금준비고를 초과하였다(4배 이상 초과). 이런 상황에서 국제수지 적자문제를 해결하기 위해 미국은 평가절하를 해야 하나 달러에 대한 국제신뢰도 문제로 인해서 쉽게 할 수 없었다. 평가절하를 하게 되면, 미국을 신뢰하여 달러를 보유한 국가는 손실을 입게 되고, 미국을 불신하여 금을 보유한 국가는 이득을 얻게 되기 때문이다. 그러나 결국 1971년 미국은 금과 달러의 태환 중지를 선언함으로 브레튼우즈체제는 붕괴되었다.

브레튼우즈 체제 붕괴 이후 1971년 12월 미국 워싱턴 스미소니언에 모여 금 - 달러 비율을 조정하여 달러를 평가절하하였다. 결국 다른 나라 통화는 평가절상되었다. 스미소니언체제는 중심환율로부터 환율이 변동할 수 있는 밴드(대역)를 2.25%로 하였고 이 보습이 마지 뱀이 움직이는 모습과 비슷하다고 하여 스네이크 시스템이라고 하였다.

스미소니언체제 이후 1975년 프랑스 람부에서 선진국 회담을 통해 미국, 영국, 프랑스, 서독, 이태리, 일본 6개국은 변동환율 제도를 촉구하였다. 1976년 1월 자메이카 킹스턴에서 IMF는 스미소니언체제를 자유변동환율제도(킹스턴체제)로 전환하였 다. 킹스턴체제에서는 회원국들에게 독자적으로 환율제도를 선택할 수 있는 재량권을 부여하였다.

④ 옳은 내용이다.
1980년대초 미국의 불황 상황에서 레이건 행정부의 조세감면정책은 팽창적 재정정책으로서 이자율을 높이고 달러가치를 더욱 상승시켰다. 강한 달러는 미국의 경상수지 적자를 더욱 심화시켰고, 조세감면으로 인한 재정수입 감소는 재정 적자로 이어지게 되었다. 미국과 교역하는 다른 선진국들인 독일, 일본 등도 더 이상 국제수지의 흑자를 누적시킬 경우 미국과의 무역마찰이 증가할 것을 우려하여 미달러의 평가절하에 동의하게 되었다. 미국, 영국, 프랑스, 독일, 일본 선진 5개국(Group of Five, G-5)의 재무장관들이 1985년 9월 미국 뉴욕시 플라자호텔에서 플라자협정을 발표하였다. 플라자협정은 미달러의 평가절하를 위해서 G-5 중앙은행들이 동시에 외환시장에 개입하여 보유달러를 매각하는 것이었으며 이로 인해 달러가치는 급속히 하락하였다.

03 │ 2017년 국가직 9급 │

변동환율제도와 고정환율제도에 대한 설명으로 옳은 것만을 모두 고른 것은?

> ㄱ. 변동환율제도와 고정환율제도 모두에 있어서 외환시장의 수급상황이 국내통화량에 영향
> 을 미치지 못한다.
> ㄴ. 고정환율제도 하에서의 통화정책보다는 재정정책이 더 효과적이다.
> ㄷ. 변동환율제도 하에서 자국의 경기안정화를 위한 독립적인 통화정책이 가능하다.

① ㄱ   ② ㄴ

③ ㄱ, ㄷ   ④ ㄴ, ㄷ

출제이슈 환율제도의 비교
핵심해설 정답 ④

설문을 검토하면 다음과 같다.

ㄱ. 틀린 내용이다.
고정환율제도에서는 국제수지 적자 혹은 흑자로 인하여 환율의 상승 혹은 하락 압력이 나타나는 경우, 고정환율의 유지를 위해서 중앙은행은 외환시장에 개입해야 한다. 중앙은행이 외환시장에 개입하여 외환을 매도하거나 매입하는 과정에서 국내통화량이 감소하거나 증가하게 된다.

변동환율제도에서는 국제수지의 적자 혹은 흑자로 인하여 환율의 상승 혹은 하락 압력이 나타나더라도 중앙은행이 외환시장에 개입하지 않기 때문에 환율은 변화하지만, 국내통화량은 불변이다.

ㄴ. 옳은 내용이다.
고정환율제도에서 재정정책과 통화정책의 효과는 각각 다음과 같다.

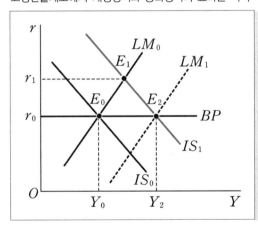

1) 고정환율제도에서 재정정책은 강력하다.

고정환율제도에서 확대재정정책이 실시되면 국민소득이 증가하고 이자율이 상승한다. 국내이자율이 국제이자율보다 상승하여 해외로부터 자본이 유입되고 국제수지가 흑자가 되어 이로 인하여 환율 하락 압력이 나타난다. 고정환율제도이므로 중앙은행은 고정환율을 유지하기 위해 외환시장에 개입하여 외환을 매입하고 자국통화를 매도하므로 통화량은 증가한다. 통화량 증가로 이자율이 하락하고 투자가 증가하여 국민소득이 증가한다. 확대재정정책으로 상승했던 이자율이 다시 하락하여 원래의 이자율로 회귀하고 국민소득은 크게 증가한다.

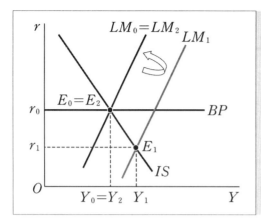

2) 고정환율제도에서 통화정책은 무력하다.

고정환율제도에서 확대통화정책이 실시되면 국민소득이 증가하고 이자율이 하락한다. 국내이자율이 국제이자율보다 하락하여 해외로 자본이 유출되고 국제수지 적자가 되어 이로 인하여 환율 상승 압력이 나타난다. 고정환율제도이므로 중앙은행은 고정환율을 유지하기 위해 외환시장에 개입하여 외환을 매도하고 자국통화를 매입하므로 통화량은 감소한다. 통화량 감소로 이자율이 상승하고 국민소득이 감소한다. 결국 원래의 국민소득과 이자율로 회귀한다. 따라서 고정환율제도에서 확대통화정책이 실시되어도 국민소득과 이자율은 불변이다.

ㄷ. 옳은 내용이다.
변동환율제 하에서는 통화정책의 독자성이 보장된다.

1) 먼저 고정환율제도에서 확대통화정책이 실시된 경우를 분석하면 다음과 같다.
확대통화정책으로 국내이자율이 국제이자율보다 하락하여 해외로 자본이 유출되어 환율 상승 압력이 나타난다. 중앙은행은 고정환율을 유지하기 위해 외환시장에 개입하여 외환을 매도하고 자국통화를 매입한다. 이로 인해 통화량이 감소한다. 고정환율제도의 유지를 위해서 통화정책의 자주성이 사라지게 된 것이다.

2) 이제 고정환율제도에서 긴축통화정책이 실시된 경우도 같이 분석하여 보자.
긴축통화정책으로 국내이자율이 국제이자율보다 상승하여 해외로부터 자본이 유입되어 환율 하락 압력이 나타난다. 중앙은행은 고정환율을 유지하기 위해 외환시장에 개입하여 외환을 매입하고 자국통화를 매도한다. 이로 인해 통화량이 증가한다. 고정환율제도의 유지를 위해서 통화정책의 자주성이 사라지게 된것이다.

3) 반면 변동환율제도에서는 국제수지의 적자 혹은 흑자로 인하여 환율의 상승 혹은 하락 압력이 나타나더라도 중앙은행이 외환시장에 개입하지 않기 때문에 환율은 변화하지만, 국내통화량은 불변이므로 통화정책의 독자성이 보장된다.

04 [2019년 국가직 7급]

불가능한 삼위일체(Impossible Trinity)에 대한 설명으로 옳은 것만을 모두 고르면?

> ㄱ. 한 경제가 자유로운 자본이동, 물가안정 및 통화정책의 독립성을 동시에 모두 유지하는 것은 불가능하다는 이론이다.
> ㄴ. 이 이론에 따르면 자본시장을 완전히 개방한 국가가 고정환율제도를 채택하는 경우 통화 정책을 이용하여 경기조절이 가능하다.
> ㄷ. 이 이론에 따르면 고정환율제도를 운영하면서 동시에 통화정책의 독립성을 확보하기 위해 서는 자본이동에 대한 제한이 필요하다.

① ㄴ   ② ㄷ
③ ㄱ, ㄴ   ④ ㄱ, ㄷ

출제이슈   크루그만의 삼자택일의 딜레마(trilemma) 혹은 불가능한 삼위일체
핵심해설   정답 ②

개방거시경제의 목표를 통화정책의 자주성, 자본이동의 자유성, 환율의 안정성이라고 한다면, 개방거시경제의 목표를 모두 달성하는 환율제도는 없다는 것으로서 이는 크루그만의 삼자택일의 딜레마(trilemma) 혹은 불가능한 삼위일체라고 한다.

이는 환율을 안정적으로 유지(고정환율유지)하고 국가 간 자유로운 자본이동을 허용하며, 자국의 독자적인 통화정책을 보장하는 환율제도는 없다는 의미이다.

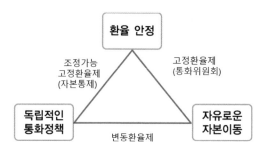

ㄱ. 틀린 내용이다.
자유로운 자본이동, 물가안정 및 통화정책의 독립성이 아니라 자유로운 자본이동, 환율의 안정 및 통화정책의 독립성이다.

ㄴ. 틀린 내용이다.
이 이론에 따르면 자본시장을 완전히 개방한 국가가 고정환율제도를 채택하는 경우 통화정책을 이용하여 경기조절이 불가능하다.

ㄷ. 옳은 내용이다.
이 이론에 따르면 고정환율제도를 운영하면서 동시에 통화정책의 독립성을 확보는 자본의 자유로운 이동성과 병존할 수 없다. 따라서 고정환율제도와 통화정책의 독립성을 확보하기 위해서 자본의 자유로운 이동을 희생할 수밖에 없다.

조경국

학력

- 고려대학교 경제학과
- 서울대학교 행정대학원
- 미국 University of California, Davis 대학원

이력

- 행정고등고시 재경직 합격
- 공정거래위원회 사무관
- 공정거래위원회 경제분석전문관
- 숭실대학교 경제학과 교수
- 일본 Waseda University 방문교수

저서

- 조경국 경제학
- 조경국 경제학 워크북
- 조경국 경제학 연습서(근간)
- 조경국 경제학 고급연습서(근간)

조경국 경제학 워크북 국제편

초판인쇄 | 2021. 7. 5.   **초판발행** | 2021. 7. 8.   **편저자** | 조경국
발행인 | 박 용   **발행처** | (주)박문각출판   **등록** | 2015년 4월 29일 제2015-000104호
주소 | 06654 서울시 서초구 효령로 283 서경 B/D   **팩스** | (02)584-2927
전화 | 교재 주문 · 내용 문의 (02)6466-7202

저자와의
협의하에
인지생략

정가 10,000원   ISBN 979-11-6704-108-1